感謝文龍為此書的出版所做的努力。
謹以此書獻給我們的Kit Ling。

為保護受訪者，
本書除了〈抗爭・女身・未來〉、〈身體在政治中慾望〉、
〈WE CALL HONG KONG OUR HOME 我們以香港為家〉
以及〈忘不了的928：Lesbian愛的紀念〉四文，
其它各篇文章人物均使用化名。

REBEL
抗命  女聲
GIRLS

陸潔玲、孫珏 主編

目次

Chapter 3   Identity Struggle

Chapter 4   Transgression

序
抗爭中弱勢性／別的現身

游靜

　　眾所周知，香港從社會分析至社會運動，都是大哥們的世界。

　　眾所周知，香港是──被不少香港人也認為是──男女相當平等的社會。

　　這兩樣自相矛盾的「普通常識」是如何並行不悖的呢？

　　香港的現代主體性來自資本主義，崇尚工具理性，以致社會的公共領域，也被高度「去性」（去身體）及「去性別化」。香港的向上（層階級）認同包括向身體價值的上半傾斜而蔑視下半。男性與女性，要在這社會中被看見，被認可作為「文明人」，只能變成「中性」──壓抑性，把身體的感知、慾望與需要轉化成對物質的依戀，在工作、思考、待人接物上盡量操演性別盲。

　　而工具理性，在歐洲哲學傳統中，從來是男性的專利；全球近代性別中性化，也是一個中產男性化的過程。抹煞性／別思考，包括關於性慾、性差異的話語及感知，塑造著性別平等的假象，同時

蒙蔽公共權力結構持續向中產男傾斜的主旋律。香港作為西方資本主義輸出的第一線接收者，也深深內化了「去性（別）」的意識型態與價值觀念。所以建基於工具理性的社會政治分析「自然而然」成了男性的場域，這場域遮蔽著、並不斷邊緣化被認為「狹隘」、「偏激」的性／別視角，以鞏固傾向齊一化的總結概括，不重視主體差異的知識框架的無上權力。

當下政治社會分析，簡言之，就是殖民、公民、民粹，但這「民」究竟包括誰？這些「民」一方面是大哥們的永恆地盤，另一方面為了顯示大哥們的「包容寬大」，間或會讓一兩位女性借用一些無足輕重的論述末端空地，便叫「性別政治」。這其實跟歐美近代知識體系偶爾個別、例外地接納、改編源自第三世界的認知視角（如東方主義、庶民研究）來自我壯大，卻從未系統性改變自己論述傳統的普遍化傾向，不無相似。

香港的佔中「初衷」，乃工具理性的社會運動延伸，挪用「結婚擺酒」的意象，可謂極其性／別保守，又拒絕與全球反思批判資本主義的佔領運動論述作連結。但催淚彈加上拖字訣的政治策略，反而「不小心」催生了一些魍魎主體：地盤佬（編案：指建築工地的工人）、MK「真」男人（編案：MK，即Mong Kok，旺角。「MK人」指的是在旺角出沒的年青人，具貶義，有盲目跟隨潮流之意，男稱「MK仔」，女稱「MK

妹」。）的浪漫，為香港社會運動賦予史無前例的階級、地區、性別視角，把中產管理男在被閹割焦慮籠罩下的假／小男人情結，如照妖鏡一樣，明明白白在光天化日下，擺在街道正中央。當然，這仍然強化著社會抗爭作為生理男主場的神話。

　　但這本小書呈現的風景有點不一樣。這本書為這些抗爭主體如何勇猛承認「性」作為抗爭攻略作證——Christina語：「我無胸，你咪渣囉」；弱勢主體不但重新奪回界定「性」的話語權，更開拓了以身體、以慾望抗爭的創造力。這裡的多樣主體，罕有地貼近各種性／別弱勢不斷以身體作為協商場域的社會現實——像是阿Wing有心理準備被侮辱，但視與男性一起拘留為「變態」。今天香港，抗衡「女性」這類別的一體化，視年齡、種族、性向、情慾、原生性別、原生地的差異為重要的知識或論述資源，正是民主化進程中最需要的養份。

　　是這本小書，讓我記得那79天；終於，看見彼此，看見這小地方的豐富、自由、難以概括、難以名狀的多性／別主體；以及曾幾遭到埋沒或污名，終又逐漸浮現，仍需要不斷被重新述說或重新發明的公共、社區，尤如「佔領巫山HEHE團」般，我們需要共同想像與開闢，抗衡齊一化政治的可能。

序
M巾與傘

9月28日傍晚，一出海富中心，遍地狼藉，一口一口空氣擠人掉淚。

人群本應隨著空氣中的嗆人粒子猢猻四散的，然而他們卻像那些被海浪沖散又回聚的沙沙石石，總是折返到一個陌生的、命定的位置——催淚彈射擊後不到十五分鐘，兩條長達幾百米的物資運輸人鏈在海富和統一中心的隙縫間立時組成，人們一手接一手的，把口罩、生理鹽水、濕毛巾、眼罩、水、紙巾、雨衣、保鮮紙等物資運上前線。突然一個男聲大喊：「有無M巾呀？」

「M巾」兩字破空而出，把其他雜音蓋過，引發無數傳聲：「前面要M巾呀！」

「有M巾！即到！」我從背包掏出那包剛買的24cm網面，為經期中的自己留了三塊，便把其餘悉數上傳，不只我一人，眼前還有幾個女生都重複著相同動作。一包包輕柔粉色的M巾在風風火火

的運輸線上格外突出，不少全副武裝的男生徒手傳遞那些他可能一生沒機會打開過的M巾，接送間還不經意的大叫：「仲有無M巾呀？」

那刻畫面，有種艱難而奇異的溫馨。在這短暫的溫馨感裡，暗含的是隱然不宣的理解、自我的微小跨越，以及人與人的主動繫聯——這一切大大小小的閃石，在運動中就成了各自的光。

壓迫下的流淌

雨傘下，人的故事，俯拾皆是。

清空的道路，是一個創造與抗爭的空間，也是一個吐露抒洩的位置。形形色色的人，帶著他們的身分與經歷，走到街頭，敞開不為外人道的生命，和那些喑啞微小，卻與巨大體制壓迫依連共生的種種。階級剝削、性別壓迫、族群歧視，無形影，卻實實在在的在人的日常生活裡堆疊成腥厚的傷痛。然而這個特異的位置，彷彿是一個讓傷痛能安然流淌的地方，各自呈現、訴說，互相了解觀照，作為一種排解，潔淨與重整。像月經一樣，讓喑啞腥腺的事物默默流出。月經是循環往復的，一如苦難與壓迫，都需要出口。

如果民主的核心是對人的尊重，那麼，要建立一個民主社會，

必須具有理解他者的生存處境以及與人建立關係的勇毅。理解披覆著不同身分的個體，包括基層、男性、女性、跨性別、雙性人、同志、年輕的年老的、傷健人士、少數族群等的生活狀態，他們的破碎與盼望，身上大大小小的壓迫印跡，才是改革制度，創造更善待生命的社會的基本。

超越身分

佔領區，不但是個讓個人故事與傷痛呈現的地方，也是個深具反抗與創造力的空間。抗爭街頭是個特殊而極端的場景，裡面有磨蝕良善的衝突矛盾，也有自我犧牲貢獻的人性光輝。然而街頭卻不能脫離日常，因為各個參與者都帶著日常生活中的各個身分投入到運動之中，因此，運動必然有其性別的、階級的、年齡的、族群的，以及身體的面向。平凡生活中的刺，一根一根還在，把人釘在他特定的社會位置，在安逸時隱匿，在衝突之時卻突出尖銳，一切基於各種身分而生的歧見和刻板印象，都一一顯現著力。例如在街頭被反佔領人士以性暴力恐嚇的女生；出現路線分歧時被嘲諷身材的女學生；衝擊前線時被男生勸退的女孩；清場時被國家機器暴打的雙性者；以及被警察呼喝要她「返回印度」的少數族裔。性別、

族群、階級等身分一直沒有脫離個人，壓迫自然存在於運動之中。

　　對抗壓迫的方法，其中一種是嘗試衝擊限制個人的制度，挑戰並超越套牢身分的、身體的規範。超越是多元的，有的艱難，有的含蓄，有的迅猛，有的奇趣幽默，都在書中的故事裡一一顯現。中學少女們挑戰學校陳規、Burlesque表演者以裸身抵抗性暴力、少女直上衝擊前線、內地¹女生獻身香港民主、內地長髮女生剃髮明志、以港為家的少數族裔組織起來走上街頭、在革命公開呈現愛情的女同志戀人、以轉變中的身體抵擋鐵馬的跨性別者，還有腐女們創造的抗爭綠洲HEHE團。在參與運動的過程中，她們不斷衝破有形無形依附在各種身分之上的阻礙，像脫了一層又一層的皮，讓生命在新鮮的光與水中生長出新的肌理，超越個人身分限制地成長著。就像，奔走到未得之境，遇到一個新的、更廣大的自我。

　　這是真普選也未必能帶給我們的，生的演練與轉化。

人的跨越

　　那晚「百人運M巾」的一幕，回想起來總令人感到心有餘溫。為了一個比個人偉大的目標，放下禁忌，突破身分枷鎖，相互繫聯、補位接應的景象，就像這個運動中無數個象喻的其中之一，折

射出人性所能展現迸發的跨越之能。不論是書中的女學生、內地生、巴基斯坦裔女生、跨性別、女同志和Burlesque表演者，以及不同階級、性別、民族、身體處境的人，都曾在運動中作出超越自我的嘗試。

　　然而，如果這一幕只是一個偶然，一個在特殊情景下才閃剎而過的一瞬，過水無痕，各自回到原來的殼，那它只會是一個在歲月中殘喘的廉價回憶，一個曾經。人不但要超越本身的樊籬，還要跨越與他者的距離，越過身分與身分之間巨大的鴻溝，或細微的隔閡，觸近彼此的人性。不止於追求個體自身的超越，還要顧念著整體的轉化。

　　歷史的行進，也許就是由無數微小的跨越積累推動。

　　─若滴水為海，植木成林。

本章註

[1]　　編案：內地，即中國大陸。本書尊重香港作者原始敘事立場，保留「內地」行文，下不另註。

自序

Rebel Girls@UM抗命女聲

> 反抗者在拒絕荒謬的同時，無時無刻不在追求著意義，不是
> 因為自由所以要反抗，而是透過反抗，才能擺脫奴役而帶來
> 真正的自由；不是由於希望才要反抗，而是透過反抗，才能
> 在絕望中帶來希望。[1]

對於眾多雨傘運動的行動者而言，這段話或多或少能代表著我
們的心聲。

這個城市的民眾聲音，遭到一次又一次的漠視，被逼屈從，臣
服在強權的強詞奪理。2014年所爆發的雨傘運動正好凝聚了「一種
對奴役說不的盼望」。我們所奮力反抗的不單是選舉權的褫奪，更
重要的是：那種由上而下、毫無商討餘地的「國家暴力」。

運動以爭取香港政治體制改革為軸心，起始點是「2017普選特

首的方式」。2014年9月22日罷課、9月27日學界重奪公民廣場、於9月28日凌晨宣佈和平佔中展開。

到了9月28日（928），接近下午六時，手無寸鐵的支持者竟然遭到87枚催淚彈、警棍、暴力清場以至被拘捕起訴等鎮壓。超越了這一代人的經驗。如此赤裸的國家暴力逼使行動者直接以他們的身體作出反抗，雨傘運動就這樣自我展開、流動著。

從來沒有人想過，在香港最繁盛的街道，包括金鐘、銅鑼灣，旺角，佔領和留守的市民／學生，建立起自主、互助的社區和生活，各種流動的空間，例如各式各樣的民主教室、吹水圈（案：自由討論區）；藝術的空間，例如連儂牆、各種手工、印度手繪；物資支援站、急救站、回收站、補習室和帳篷等等。

反抗者所呈現的是一種擺脫勞役，追求生活的意義及自由的期盼。在抗爭中，重新體會人與人的關係、街道空間的使用權、街頭議政的自由、藝術與政治生活的連結。這場運動是由無數來自不同社群的「抗爭者」撐起來的（案：支持和建構），縱使期間大家曾疲態畢露，亦曾面對進退失據的時刻，但這也是香港民主運動史上，最重要的一個篇章。眾多的政治／社運素人捲入這場運動，到底這些反抗者是誰？他們因何站出來？為了解參與者的故事，於是我們就成立了書寫團隊，企圖去捕捉這個運動的一鱗半爪。

雨傘運動後的總結及反思討論很熱烈，隨著一本又一本的書籍出版，故事紀錄、相片集、一直在延續著，沒有停止過。第一次寫書，我們幾個女子雖然很雀躍，但也抱著戰戰兢兢的心情，不斷反覆叩問自己，這本書的獨特性、如何為這時代做見證。

　　我們聚焦女性，眾多珠玉在前，同一系列就有新婦女協進會的《傘下女子說》一共記載了12位佔領區的女性故事；還有趙潔儀和劉靜梅自資出版，共28名女性撰寫的《傘下細語》。至於紀錄片也很豐富，有陳芊憓拍攝的《傘不走的女聲》紀錄了十位女撐傘者的心路歷程，還有Shannon Walsh《雨傘之下》，Vicky Do《天堂陌生人》，廖韜《手持攝影機的人》等，「構成了一組雨傘下女影和女聲的交響組圖」[2]。我們追趕這個雨傘運動後的「出版熱潮」[3]，為的是填補後雨傘的空虛，還是可以帶出一些甚麼新的訊息呢？

一本書、兩個角度

　　首先，這本書是一個重逢相認的故事。

　　我想起自己2014年終時在Facebook（臉書）寫過一段「廁所奇遇記」的status。

話說筆者與友人於銅鑼灣某cafe暢談後離開之際，順便上了廁所。

洗手後，未找到抹手紙，有位穿制服的清潔工友便提示我。我好意道謝，與她對望了一下。

她定睛望著我說：「我在哪遇見過你呢？」

正當我茫無頭緒之際，她突然冒出：「在『佔中』是嗎?!」然後她指一指樓下。

我想起了樓下的馬路旁曾經是佔領區。

其實我有點不好意思，我只去過銅鑼灣兩次流動民主教室講課、分享。她竟然參加了，還記著了我。

明白過來後，我回應她：「你有參加？」她說有，接著就一直追問我現在忙什麼？

我簡略講了一些運動後的進展。

要走的時候，她很鄭重的說：「你是老師啊，我好多謝你啊。」

聽到這句話，我的心不期然酸了起來！我有點擔當不起，我跟她說：「我其實不是做了很多⋯⋯」

她憤憤不平的說：「我們不可以讓政府繼續這樣。」

然後很熱烈的豎起兩隻手指公說：「學生做得好！」我

應和著，想起很多，那時我和她都已經有點激動。

我說：「不用擔心，我們的下一代好了不起！」

這時兩個女人都掉了眼淚！

在佔領區中，我們曾與素未謀面的陌生人，不經意的建立起一種默契，一個眼神交代一切，互相照顧，甚或出生入死。正如我與那位清潔工友，我們心靈共通，既陌生又熟識。

Rebel Girls@UM 就是一個個傘／散後重逢的故事。正如留守旺角的阿Wing說：「個場好大，每一個地方發生的事其他人未必知道。」本書的故事讓我們更深入了解這個運動的抗爭者，她們是誰。讓我們在此間，重新認識。

另一個角度：看見性／別・邊緣

Rebel Girls@UM的抗爭女子，從來不是社會運動的中堅份子，也不是運動常客。她們多是第一次、義無反顧、不惜代價的全情投入這場反抗運動。與她們對談，發現支撐她們的並不是一些強而有力、堅實的政治意識形態。而是她們流露出對這個地方的熱愛，和敢於對這個地方的不公義說「不」。目睹政府欺壓學生、警察暴

力、反佔中勢力的橫蠻、運動中女生必須承受的性暴力和性威嚇，以及各種欺壓，她們覺得沒可能坐視不理。

雨傘故事的主人翁──年輕中學女生Christina、Cecilia告訴我們，她們的朋友都在金鐘佔領區，所以很擔心，會對於幫不上忙感到很內疚。跨性別的阿Wing礙於身分，非常不想被捕，但是她還是不想離開，仍然堅持以身體守住旺角佔領區。Jo. Kie和Carol也因為是否要去金鐘支援、是否要留守而內心掙扎不休，而她們都只是擔憂學生和民眾的處境。正如卡繆所說：「反抗並不一定只出現在受壓迫者身上，也可能因目睹他人受壓迫，在這種情況下產生認同，起身反抗。這裡有命運的認同和表態，個人要捍衛的，不僅是個人的價值，而是所有人凝聚的價值觀。」

本書聚焦於她們的街頭抗爭的同時，也關心她們在日常生活的所處於的性／別、邊緣位置。她們的身體給予她們一個性／別身分，也限制她們，放置她們於政治邊緣。例如女同志、跨性者、內地來的女生都要隱藏自己的身分。Rebel Girls@UM就是希望引領讀者進入她們所創造的一個抗爭空間，在事實、分析及知識以外，同時去感受她們的情緒及渴望。

Christina、Cecilia、Alice及Winnie是四個中學女生。

　　她們是「未成年」的少女，受家庭、學校的「保護」。她們以最真誠純潔的心去表達她們對整個社會的關懷，同時不忘努力去說服別人相信她們的能力，捍衛她們自主參與政治的權利。

女同志、跨性別者、hehe腐女，她們的性不容於主流社會。

　　Jo. Kie和Carol在外地結婚，928正好是她們的結婚週年。兩人跨越內心的掙扎，以行動回應網上對女同志的攻擊，在佔領區建立共容的社群。

　　阿Wing作為跨性女生，爭取工作權利時，堅持坦然展示自己的身體。這些經歷讓她更能體會被壓迫的經驗、感受。她勇武，但她必須因為不被確認的女身，而逃避被捕。因為她無法承受被捕後會被男警搜身、與男性同囚的處境[4]。

　　Hehe團長以網絡組織平台，號召一眾腐女BL撐場，她們的性想像在這次運動相當矚目，這些非主流的性，因而從生活暗／隔走出來，進入公共空間。也為這個運動注入新鮮的空氣。

野草莓和奇異果是內地生，Ansah是少數族裔，生活在香港社會的邊緣。

不懂廣東話，不會看中文的語言障礙，並沒有讓她們袖手旁觀。可是她們的參與都必須逾越「不是香港人」的身分，這個建基於「二元對立、狹隘本土主義」的分析。

為此，Ansah選擇以奪目的方式讓自己和一眾少數族裔參與捍衛她們所愛的香港。以「We are part of Hong Kong」（我們是香港的一部分）的口號，在佔領區重奪她們自己土生土長香港人的身分。

同樣感到「格格不入」，在威權體制下成長的內地生野草莓，為尋求真相，親身到佔領區觀察、拍照做紀錄，以見證現場的「公民記者」身分和運動扣連。至於奇異果，雖然對於運動的理念和手法不盡認同，仍然仿效中國女權主義行動者，以「剃頭行動」表達她對政權的不滿，也選擇介入網絡世界的討論、說出真相。這兩位女生都必須小心翼翼，隱瞞父母、同儕，為的是逃避國家的監控。她們怕被出賣，同時也害怕透露太多，連累家人、朋友。

女體經驗：「活生生身體」（lived body）[5]

　　社會運動中流露的性／別意識，可見於「女人出嚟示威就預咗被人非禮」，「守過旺角的才是真男人」、「呢度好危險，女人走先，男嘅頂住」的雨傘名句。

　　「女性身體」在運動中，依然活在社會期許和「男性凝視」Male Gaze之下，女性身體變成他者和客體。佩妍、袁嘉蔚和阿南是大學生，她們的身體被禁錮、被攻擊，滿目瘡痍，傷痕累累。且看她們如何在父權文化中以自己的身體迎戰，尋求有尊嚴的活出自己。把她們的經驗放置於香港的後殖民脈絡下，揭示她們如何逾越「國家／政權」的規訓。

　　作為Burlesque表演者的Glamourita和Azure，透過攝影展示她們的身體，要求大眾直視女性的自主身體和生命力。

政治新主體

　　本書16個Rebel Girls的抗命女聲，喚醒無性／別的社會運動。讓我們了解抗爭者的多樣性、複雜性。找到非主流的描述，明白雨傘運動所制定出的集體框架（common collective frame）之外，有

遼闊的天空和色彩。

　　她們所展現的抗爭和日常緊緊扣連，她們都必須透過talk back，據理力爭、瞞騙、坦誠分享，以打破社會加於她們的種種boundary與限制，重新擁有自己的身體，作為抗爭的武器。

　　我們在尋覓書寫意念的過程中，有迷失惆悵、思緒停滯的時刻，又或感到也許真的無法完成的時刻。可是，每一次重讀她們的故事，回想和她們交流感動的剎那，讓我們相信訴說她們故事的重要性，於是我們繼續以「牛步」前進。

　　最終，我們明白書寫，也是我們自己的治療過程，與佔領區的「陌生人」重遇、相認、了解。我們拋磚引玉，嘗試以她們的「邊緣性」為起點，去捕捉社會運動理路中，未被梳理的女體，及其揭示的性／別和族裔的社會結構。至於這本書的價值，應該留待讀者去評價，我們可以做的就是讓抗爭女子的故事與大家重逢！

本章註

[1] 沈清楷（2014），《反抗者‧導讀》，載《反抗者》（卡繆著，嚴慧瑩譯。臺北：大塊文化），頁11。

[2] 魏時煜（2015），《傘下的女聲與女影》，映畫手民，2015.06.05，http://www.cinezen.hk/?p=3822。

[3] Housescheung（2015），《雨傘運動後的出版熱潮》，獨立媒體，2015.02.06，http://www.inmediahk.net/node/1031281。

[4] 2015年跨性別資源中心發表的《跨性別人士在保安部門遇到的性騷擾》（報告書）指出，跨性別人士最經常會經歷到的「性騷擾／不被尊重待遇」為「言語上的玩笑或評論」；而她／他們最覺得是「性騷擾或不被尊重／受到冒犯的行為」分別是「言語上的玩笑或評論」，和「被個人性別認同的另一性別的保安人員搜身」，例如：跨性別女性被相關部門的男職員搜身。http://www.eoc.org.hk/EOC/Upload/UserFiles/File/Funding%20Programme/policy/1314/20150330/report_C.pdf

[5] 艾莉斯‧馬利雍‧楊著，何定照譯（2007），《像女孩那樣丟球：論女性身體經驗》，臺北，商周文化。

Body Politics

1

「抗爭・女身・未來

訪問 | 雨豆＆孫珏
撰寫 | 孫珏

　　2014年10月下旬，我接到了一個任務。兩位burlesque女神要我幫忙帶一件裝置藝術品去「蕩婦遊行」（Slut Walk），再將它掛在金鐘集會區，替她們表達訴求。

作品 | 抗爭・女身・未來
作者 | Boud'moi Boudoir Photography & Glamourita Noir & Notty Nuts Azure
　　　（後兩者為香港本土burlesque表演者）
理念 | 通過攝影作為文本呈現：
（1）我們以女性身體作出抗爭去爭取民主，女性身體也是政治的；
（2）女性身體在作出抗爭時應免受任何的性暴力，不容許施暴者找任何藉
　　　口去合理化他們的惡行；
（3）我們的民主抗爭不單為了我們自己，更是為了整個香港的未來和未
　　　來的世代。

▌攝影作品｜以女身抗暴，我要真普選。（照片由受訪者提供）

攝影作品｜身體也是抗爭的場域。（照片由受訪者提供）

送給香港的大禮

　　這件作品的創作靈感來自Glamourita（藝名）。10月22日正逢她的生日，Glamourita半夜驚醒，想起這一陣子爭取普選的跌宕起伏，輾轉不能入睡。於是她起身走到客廳，除去身上的衣服，撐開擺放在一角的雨傘，為自己拍了一張昂首挺胸撐傘遙望遠方的全裸側身照，「我作為burlesque performer，表演的重點是stripping（脫衣），用身體表達自己意見，所以我覺得裸體加上黃遮（編案：黃色雨傘）最具控訴力」。

　　這張照片在她的臉書專頁上引起極大迴響。NottyNuts Azure（藝名）說，這是好友Glamourita送給香港的大禮，也讓她靈感泉湧，立刻與好友一起討論開展「抗爭・女身・未來」攝影計劃。

Azure：「抗爭就是protest，女身，就是我們兩個的身體。」
那時發生了非禮事件，令她們憤怒至極點。

　　Glamourita：「所以我們就想要把作品放在蕩婦遊行時展出，
控訴女性被非禮！至於未來，不單是指Azure肚裡的BB尚未出世的
一代人，還有香港的未來。」

身體本是政治場／site of protest

　　這件作品由Glamourita操刀，以四幅女性裸體與黃傘為主的照
片組成，用寫滿「爭普選」、「民主」、「X性暴力」的女性背部
作為開篇，以身體作為政治抗爭的場域爭取民主；用伸手阻擋黑手
的照片呼應女性參與者遭胸襲的事件，控訴社運中的性暴力，不容
許施暴者找任何藉口去合理化他們的惡行；再以NottyNuts Azure
懷胎五月包裹著保鮮膜的肚子搭配黃色小紙傘，抵抗迎面而來的化
為泡沫的暴力。因為民主抗爭不單是為了當下，更是為了整個香港
的未來和未來的世代。最後一幅是Azure手握小紙傘的全裸半身剪
影。快當媽媽的Azure說就算身體情況不允許親身去現場支持，也
要用自己的方式為下一代的未來播下希望的種子。

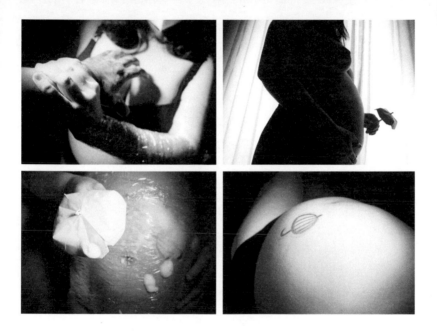

1　攝影作品｜阻擋性暴力黑手。
2　攝影作品｜為下一代播下希望的種子。
3　攝影作品｜為了當下也為了未來而戰。（註：雨傘和保鮮膜
　　是抗爭者常用的抵擋胡椒水和催淚煙的工具。）
4　攝影作品｜生命在於運動，抗爭才有希望。

（以上四張照片均由受訪者提供）

為了方便公眾回應和討論，兩位女神在作品下方寫上了創作理念以及臉書專頁地址。四幅照片在金鐘集會區海富中心對開的天橋下方靜靜地等待途人的駐足觀看和回應。

大約半小時後，幾位背著相機的男士經過，遠遠地望了一眼便默默走開了。過了一會兒，有兩位女士走來看究竟，不約而同地與作品保持安全的距離，也快快地看完即走。躲在周圍觀察的我對途人的反應頗感失望，暗忖：「好歹也拍一張照片帶回家吧?!」

傳媒的娛樂化處理

過幾天再去現場察看，發現觀眾仍然寥寥無幾，反應甚是平淡。兩位作者也對作品被「冷落」感到有點意外。「抗爭‧女身‧未來」的臉書專頁每日都會緊貼時事上傳一張照片加以文字輔助，嘗試引發相關的討論。但「蕩婦遊行」後一個多禮拜過去了，每張照片的下方除了些許點讚之外，仍然鴉雀無聲，連踩場都沒有。相比之下，新聞媒體對身體抗爭行動的報導，倒是觸發了不少公眾討論。

「什麼樣的評價都有，但觀眾不會刻意踩場，也不敢在臉書踩場，反而會在報紙表達。有趣的是，他們不會關心整個計劃對運動的意義，只是關注那些相片中的女人。說一下她們的身材或皮膚質

素呀，猜一下女人的年齡，全都是跟美不美有關。」

Glamourita說這樣的評論都是她們預料之中的。媒體對她們的報導有自己的取態，雖然語調相當正面，但用「脫衣舞孃」來形容她們，難掩娛樂消費的味道。所以讀者也容易跟著這樣的導向以及審美標準的牽引，把討論聚焦在身體髮膚上，錯過了作品本身想要呈現的意義。

經過媒體的報導，「抗爭・女身・未來」的臉書上兩三天內多了300多個粉絲。但每張圖片的下方仍然沒有留言。掛在現場的作品一個星期後也不知所蹤。兩位女神因此直呼失望。

Azure：「我本來都期望有類似的評價，例如會覺得裸露就是不好，就算你要抗爭都不該裸露，或者會覺得我們『抽水』（搏出位宣傳）。那或者又有人覺得我快要做媽媽，為什麼要做這些來開玩笑等等。」

Glamourita接著說：「其實我也很失望，連這些觀感也沒人寫。」

原以為媒體的報導會引來各種踩場，如果這樣，或許還可以透過線上討論將作品的理念更清晰地向網友傳達，誰知卻遭遇了「冷處理」。

女體的兩難處境

　　通過兩種不同渠道收穫的受眾反應，或多或少可折射出當下社會對於女性政治表達的態度。女性擺脫私人空間的束縛，邁向抗命的公眾舞台，本身就意義非凡。男性主導的社會運動卻未必因此改變了其陳舊的思維和參與模式。社會運動往往以推動社會進步和平等為前提，但當中對女性身體的規訓仍然無處不在；以爭取民主為目標的運動也不例外。

　　以下似曾相識的情景，無論是在太陽花學運還是雨傘運動，都在不斷循環播放：一方面，穿著出眾了些，身上的布少了些，胸大了些，行為舉止親暱了些，都會惹來嘲諷和非議，被批為太性感、不合適、不妥當、不應該和不方便……，一切有礙於抗爭純潔性、主題性和全局性的衣著、體態、言行都最好避免。所以穿校服的女中學生群體毫無意外地成了媒體和公眾的寵兒。她們的純潔、溫柔、低調與堅定極具感召力，也善於動用這些資源令人關注議題。另一方面，性羞辱和性審查，即便是言行得體的女性也難以倖免。來勢洶洶的性暴力事件接連發生在社運現場，近在咫尺，飢不擇食。

　　然而Glamourita和NottyNuts Azure的作品中裸露的女體和張揚的個性卻毫不低調地出現在男性主導的社運場域，正面衝擊那些附

加在女性身上的條條框框。如她們的聲明所言:「我們以女性身體作出抗爭去爭取民主,女性身體也是政治的;女性身體在作出抗爭時應免受任何的性暴力,不容許施暴者找任何藉口去合理化他們的惡行……」短短幾句,道出眾多女性參與者的共同心聲,強烈批判威嚇消聲的性暴力。

「抗爭・女身・未來」雖未能像預期的那樣去激發不同的解讀和討論,突破社會對女性身體的審查與監控,公眾對此的冷感和討論的失焦恰恰反應了性別抗爭的次要性和邊緣性。這場空前嶄新的公民抗命運動大大拉闊了公眾對反抗的想像力,其中不少人甚至意料不到自己也會參與絕食、默立和集體「阻街」,但裸露的女體,對他們而言,還是無法成為正當的政治訴求。

回看這場不太受注目的抗爭行動,兩位女神覺得也可能是因為她們這種不討好、不取悅、不服從,不低調的姿態「嚇跑」了原本想過來踩場的人。與其迎合商業媒體的邏輯,不如自己利用網絡媒體表達想法、接納意見、交流理念。重要的是,我是主場。

在專頁開設的五個月時間裡,她們每天緊貼時事更新一帖,忙得不亦樂乎。Glamourita發現拍攝的兩百多張照片中有一些重複出現。

Glamourita:「其實有很多日子呢,時間和事件很巧合,例如

那張黑手照一出便剛剛碰上性騷擾事件，相片變得很有用。」

　　Azure：「之後警察揚言要捉那個女仔去強暴，那張黑手照又出現了幾次。」

　　Glamourita：「還有那次將催淚彈變成催淚水的時候，我們又可再次張貼小黃傘、有泡泡和保鮮紙那張相。」

　　當中也有新增的作品，比如同志遊行那天，臉書專頁上就出現了一張身披彩虹旗和紅唇帶著一抹彩虹的Glamourita。她們說最初的想法是抗爭並不止於真普選。抗爭的目標是民主，爭取普選只是其中一個途徑。民主抗爭的概念應更廣闊，滲透到日常生活的細節中，人與人的交往中。而抗爭的場域並不止於社運現場。人的身體就是一個site of protest，隨時隨地都可以去做一個抗爭的表達。這些想法她們都嘗試透過照片一一呈現出來。

抗爭者的日常和未來

　　日常生活中的Glamourita從事設計工作，她的招牌黑眼線和紅唇格外引人注目。NottyNuts Azure還在讀研究院，正在孕育著的新生命讓她不得不放慢節奏，調整重心。2014年9月之前，這兩位「半路出家」的burlesque performer已經開始用舞台表演、「閨房攝

影」、工作坊甚至大學客座講課的形式投入到一場醞釀已久的「身體革命」之中，與不同的人群探索身體、美和慾望，表達自我。Azure說，這是用她們身體的movement去做一個movement，更是一場意識形態層面的movement。所以「抗爭・女身・未來」與其說是一項全新的嘗試，不如說是她們「身體革命」的延續。懷著身孕行動不便讓Azure開始思索適合自己的參與方式。最後，好友Glamourita自拍的那張撐傘的側身照，讓她找到了多一種抗爭的途徑。

　　Azure：「作為一個女性參與這場運動，我也曾有一些顧慮。我老公不知道我拍了這輯相片，我預料他不會接受得了。但我認為女性為了爭取民主、平等的表達，也可以用自己的方式參與。」

　　也多虧了這場大運動中的小「革命」，讓Glamourita收穫了更多參加六四、七一遊行都沒能累積起來的歸屬感。清場前的最後一晚她下班後帶著Henna tattoo的顏料為前來金鐘現場的市民繪製雨傘。「這次運動散播了種子。我覺得至今運動還未完，只是換了方式。」傘聚有時，後會無期，所以更要牢記走上街頭的初心，回歸生活，繼續革命。

身體在政治中慾望

訪問及撰寫 | Kat

集體可以是美好的，同時也可以是危險的。

石姵妍的故事

佔領持續至11月中的時候，學聯舉行了一次「雨傘社區日」，到不同地區擺街站。石姵妍那時就讀中大，是學生會內務秘書。當天「社區日」活動結束後，她就回到金鐘佔領區。在天橋下的講台，她拿麥克風，向現場的人分享在社區擺街站的感想。

當晚，學聯替姵妍拍了一張照片放在臉書專頁，陳雲也有轉貼，並寫上一句「行動果然升級了」，又在該帖留言「看圖，不評論」。她最初也不以為意，只是接下來該帖下的留言，就姵妍身體的評論開始多起來，以下是部分留言。

> 老師又鹹濕論政？
> 一早升晒啦！政客左膠個胸度！
> 老師不想用英文cup
> 支持升cup行動！齊在冬天穿熱褲表心跡
> 升cup唱海闊天胸！

就此狀況，姵妍寫了一個帖回應，指出這種嘲諷會嚇怕參與社運的女生。

身為學者竟可如此無恥。

這樣嘲諷我的胸部正正是一種性暴力。我自己身體屬於我自己，除了我以外，無人可以恣意取笑、控制我的身體。

此舉和藍絲帶非禮女學生有分別嗎？

你同樣是透過性暴力嚇怕參與社運的女性，意圖使她們不再敢提社區工作、不敢再出來抗爭。

以這種手法攻擊政見不同的女性實在可恥。

不要以為我就這樣屈服於你們的性暴力之下！

我必定會戰鬥到底，絕不低頭！

始料不及的是，姵妍發帖後受到更多攻擊，很多是圍繞她個人以及身體，她開始感到有壓力。由於看到陳雲like了部分針對她身體的留言，姵妍在既氣憤，亦承受巨大心理負擔之下，接受了朋友的建議，第二次作出回應。

陳雲教授及其他攻擊我的人士，請認真看待教授及自己的言論，不要再扮晒野。

謝謝各位朋友的支持，我一定會堅強。但同時為大眾對女性身體的不尊重感到非常痛心。

網絡攻擊，宛如「剝光豬」

「有網民留言，說我自己幻想被人非禮、性騷擾，其實想搏上位。雖然一開始有心理準備要回應不同言論，但網上攻擊越滾越大，好多人身攻擊。我覺得好亂，好擔心會有更大的攻擊，好像根本無能力改變其他人對性和身體的想法，無力感好重，開始懷疑自己是不是做錯。我知道高登、facebook上面好多人談論自己，有段時間不敢看，也不敢穿露比較多肉的衣服。被人不停攻擊身體、評論舊相，會有被人剝光豬的感覺，好像赤裸裸地暴露於人前。」第一天發帖後，她將衫鈕全都扣起，之後一星期內不敢穿暴露的衣服，覺得很不安全。

當時她收到很多臉書私訊，其中一則告誡她「以後小心」，因為對方目睹有人拿著長鏡頭拍她走光，令她受驚。雖然她現在不再驚恐，夏天上街遊行都會穿背心，但不敢在臉書公開相片，因為網絡世界太誇張。

「不知為何有人會將我臉書status截圖放上高登，又有人會說我是『雙學十賤』，賤什麼？賤在左膠囉，左膠排行榜上又有我，談到Willis（何潔泓）和Tiffany（袁嘉蔚）又會拉埋我一齊講。說什麼『真是世界級左膠』、『女權主義最大，欺負男人』、『自己

露胸，抵你死啦」咁囉。社運圈那麼細，肯走在前線的人少，這樣的態度和氛圍會令女仔不敢站得那麼前。」

可以不同意我的議論，但不應該攻擊我的身體

這種社會的價值觀，不會一下子可以洗退。人在集體中面目模糊，就像送湯送茶給你的人是個無名氏，參與欺凌的人也是。弔詭的地方在於，他們絕對可以是同一個人。

「最初身邊的朋友覺得我來自中大性別關注組，又搞社運，站得出來就是女性主義者，即是你夠堅強啦，會怕這些？當時不知可以找誰幫手，只得自己一個。後來多些朋友幫忙，會覺得比較有信心。Willis和Tiffany也受到攻擊，知道他們也不太承受得來，雖然表面上是很堅強、被罵是公廁、是雞（性工作者）都當作無事發生，但有些情況，不是完全可以面對。」

她自覺「底子不好」，未想清楚就急著回應，論述未夠完整。

「想清楚就覺得陳雲只是打擦邊球，借用身體作出政治攻擊。同時又會想，如果無完整論述，應不應該回應？但是錯不在自己，如果不回應，只會變本加厲。我表現得軟弱都會影響其他人，不想其他女仔會擔心被攻擊而不夠膽站出來，所以給陳雲一個反擊，就

發了個status。」姵妍一個女性社運朋友在抗爭場合被拍下照片，她因為胸部大，被網民取笑及攻擊，但最後她選擇了勇敢面對，並撰文回應。姵妍頗受她的經歷所鼓舞，「我當時希望自己也可以有這份勇氣。陳雲可以取笑我們做社區宣傳沒用，也可以不同意我的議論，但不應該攻擊我的身體。」

在「民主」與「公義」之前，「性別壓迫」永遠只是次要議題？

「這個社會還是喜歡看女性的身體，但往往雙眼一邊看，口就一邊罵。好似小說的情節，說你是淫婦，就要剝光豬浸豬籠，還要一邊打、一邊滿有正當性地摸你、性騷擾你。」

社會主流那麼糟，很容易有一種想像，社會運動圈子會有一片綠洲，其實也不全然，性別依然繼續成為政治角力的工具。「如果是和自己同一個陣線的女性受到攻擊就會去幫忙，可是對其他陣營的人就會繼續用性別作為攻擊手段，例如他們會取笑李偲嫣（親政府派系），而我被攻擊就會突然正氣地捍衛女性尊嚴。大家明明不是沒有意識和敏感度，但面對不同的政治陣營就會使用不同的性別態度。」說到底，其實是性別平權被置於其他運動之後，社會運動

者沒有把自身的性別意識真正運動起來，因此才能夠接受自己使用性別不公為其他運動服務，這其實是社運議題的差別待遇，輕視了性別議題。

有次學聯舉辦論壇討論同志在運動中的參與，地點是學聯吹水台，同場另一邊有人來拆大台。剛開始半個小時左右，突然很多人湧過來，說要用這個地方討論拆大台，後來又因為人數太多容納不到，轉去命運自主台。當時吹水台雖然人少少大概有幾十人，但學聯唯一的一場性別討論就這樣消失了。

「大家不會覺得性別壓迫是一回事，社運裡面對女性主義、同志、性工作者關注好少，你說那叫同志議題，在政治議題的優先排次經常都被當成小事，『民主』和『公義』才是大事。但性別在政治上從來都是工具，用來攻擊或提升自己。」

性／別在我們的社會以某種形式被鼓勵，卻同時存在去性化。媒體所見的影像，每天都在挑動性慾，但也僅此而已，如果越過社會規範的界線，是會受到質疑和懲罰的。所謂「政治」和「社運」，更是一個極之去性化，近乎禁慾的地方。然而慾望仍在，會偷偷地找夾縫鑽出去。例如在性與身體方面對政敵攻擊的做法，從來不分左中右，都是不遺餘力見縫插針去攻擊。

其實對姵妍最大的影響，不是陳雲（但他作為始作俑者，不阻止卻鼓勵則是起了推波助瀾及保護其他攻擊者的效果），而是後來留言的群眾，在抓到一句可以開展慾望的句子之後，在這個話題上繼續疊加。

袁嘉蔚的故事

社會事件往往環環相扣，佔領已過，餘波卻未了，學界下一個風潮轉向退聯。各家院校陸續發動「公投」，以決定是否退出學聯。有支持退聯的學生認為，不認同學聯在佔領期間各種決定，認為他們導致失敗；亦有說法是學聯濫權，小圈子選舉不能代表自己，以及財政混亂等。

袁嘉蔚（Tiffany）是一名城大學生，就讀中文系。由於在佔領期間，幾乎天天在佔領區沒有上學，需要延期修業。她在城大退聯期間成為了校內的焦點人物。

退聯臉書遭受攻擊

「退聯臉書專頁成立時，每當我看到針對學聯或學生會的不實

指控，就會回應或者寫status，支持退聯的人看到後就攻擊我。例如被罵『保聯狗』。更多時候只是一大堆粗口，『屌你老母袁嘉蔚』說得最多，差不多天天出現。有人會在我臉書留言，後來覺得太煩，所以關掉留言功能，他們就出文章指責我禁言。」

當時由（2015年）3月尾左右開始籌備公投，直至4月尾天天不停攻擊，完全無休止。

其實嘉蔚只想用學生身分，作為城大基本會員去回應對學聯的誣衊。她不代表學生會，更不是學生會成員，但攻擊者仍會大造文章，誣衊她操控整個學生會，架空城大會長等。

「我不介意別人批評我政治路線，但會討厭有人作不實指控，他們說謊說得好真，其他人又信，這一點最不能接受。他們罵學生會『不落地、無效率』，我覺得應該要討論；要是不符合事實的，就一定要說出來，無所謂清者自清。」

網絡欺凌，延續到現實世界

「欺凌固之然，亦有言論特別針對我作為一個女性的身分。他們不停罵我『臭閪』（案：『閪』為粵語髒話，現代粵語新創字，本作屄。指女性外生殖器官），『為什麼你個閪會臭呢？是不是給人家屌得多所

以臭呢？』很多網上討論，是直接討論，『有人會說女性性器官在體內，跟住又會說有念珠菌，有氣味好正常』。我個閪臭不臭跟學聯並無關係。不停談論這些，令人煩厭，回應時又會說我扮可憐、扮弱者，用女性做擋箭牌。問題是，他們挪用女性在社會上的角色弱點來攻擊我；我去澄清、回應又被說成我用女性是弱者來做擋箭牌，究竟想怎樣？」

那段時間她的壓力很大。有次她走過那道又一城往城大方向的橋，有幾個男仔突然大聲叫嚷「屌你老母袁嘉蔚」，喧嘩一陣，她就由相反方向溜走，無回應也一聲不響；再有一天，她在城大一條走廊派傳單，突然有人很大聲叫「臭閪袁嘉蔚」，現場所有人靜下來；又有一次，她走在學校走廊上，有人輕聲對著她做了個口形，說「臭閪袁嘉蔚」，竊竊私語地笑。

「退聯投票日，我和幾個學生會以及學聯朋友一起去票站。入到去之後所有人都拿起手機拍我，起碼十幾人做掩鼻動作，是指我好臭，很多人充滿敵意不停拍照；那陣子好恐怖，有一個人開始罵我，其他人就附和。同日點票的時候，發現有人惡意倒墨汁入票箱內，網上就流傳指責是我做的。因為我臉書那張cover photo用黑色漆油寫著『我要真普選』，所以就說我喜歡玩墨汁。真的有人信我會倒墨汁又或者是我指使人做，真的很沮喪。

這些伴隨著政治的欺凌，根本不是基於你過去做過什麼，而是覺得你政治路線不同，覺得你是『左膠』，你是意見領袖，所以大規模攻擊一個人，這個是一種政治手段，他們可以攻擊任何一個人。我不是學生會或系會成員，但城大入面很多人認得我，就把我打造成是一個邪惡大魔頭去控制這個集團；他們用的字眼是「集團」。說我操控集團欺凌退聯組，打壓、欺負師弟，但從來都沒說我怎樣欺負他們。

　　『公廁』這個講法首先在高登出現，有網民捏造，例如說我在校內房間性交，然後射精射到紙簍裡，又說我有好多男朋友。這些都造成我一定的心理壓力，因為我不知他們幾時講真幾時講假，即使我沒有做過見不得光的事，但是我真的不希望以前的事被挖出來。

　　有人自稱在旺角追擊我，大大聲罵我，一直追擊直至我走開。其實那個人根本沒罵我，只是追著我問『袁嘉蔚，請問你在這裡做什麼呢？』。他事後說成是『追擊』，有無需要吹噓得那麼大呢？接著我一追問他事件細節，他就不停罵粗口『臭閪』。」

　　本來不可以被公開談論的性，在政敵身上找到一個奇特的位置，政治鬥爭成為了談及性的合理原因。由於這是一個集體行為，大家都一起作的惡，就不是那麼惡，是隱身的、安全的、並且沒有責任，性慾可以借助集體力量得以釋放，因此亦不難理解為何跟性

連上關係的話題總是一窩蜂。談論性及其相關範圍，就足以得到快感，俗稱「口爽」。雖然在提及這點時，經常聽到一個迴避的說法，以對對方沒有做愛意欲來否認這種快感的存在，這是由於潛在對性的前設是污穢的，必需去性化以在道德上保持純潔，才可得到合理的一席之地。

「同個臭罌一堆類」？

「大部分罵我的人都是男生，女生不會大大聲罵，但會附和、笑。男生主要用粗口罵。支持的人都不敢幫，只是看著。那陣子滿城風兩，所有城大人都知道，退聯的人攻擊有多嚴重，幫忙的話就會有麻煩，只有好少人會幫口。有人share我的status之後受到攻擊，被罵『同個臭罌一堆類』（跟個臭東西一堆），當然相對我所承受的來說，那是比較淺度的攻擊。

有人私訊我說他們不認同支持退聯者的想法，但害怕會受到攻擊，『我不能公開說，你知啦』。那種氣氛令大家不敢表達意見，沒有城大學生敢於公開支持學生會和學聯。雖然多我一個人說話不多，但是重要。

朋友會聽我訴苦，安慰我。不過有時閒談之間，他們都會說我

是『臭閪』，取笑我是『公廁』，我會說『唉，不要說啦』，但始終是朋友，知道他們沒有惡意，只是說笑、抽抽水（揶揄一下）、玩玩，所以我不會發難。我一向在朋友眼中也比較玩得來，不過可能因為這樣，給人感覺我底線很低，當我黑面他們之後就不再提，但閒談那一刻就意識不到有問題。」

「罵你是『公廁』，背後所指的是性生活不檢點，太隨便。特別在這個社會長大，會被教育成女生要純潔、矜貴、附屬的，男人是支配角色，他們多情只不過是風流，但女人的多情是下流、濫交、隨便。這種約定俗成的框框會令女人在性方面受到攻擊時產生一種傷害。你可以覺得我拍拖好多次發生過性關係，但那是基於人有感情的，其他人就不會想到這些，只會聯想到任何人都可以上你，這個感覺好差，不懂怎麼說下去。」

透過貶抑女性使其形象受損，同時為自己創造正義和正當性，女孩們原有帶出的政治內容（姑勿論你是否同意）因此而被矮化，亦在聚焦於性與身體的浪潮之中遭到淹沒。整個邏輯其實是：我必須指出你在性方面是不檢點的、污穢的，在政治上也不會可信，我比你高尚，所以比較可信。

賺蝕模式

「這好似一種賺蝕模式。女生走光，會覺得是蝕底，男人看到的話，就覺得賺了；相反，男生走光、女生看到，女生還是蝕的一方，『哎呀，要回家洗眼』。這種觀念發展會讓好多女生覺得受傷。所以女生給人罵『臭閪』，就會令人覺得你好醜怪啦，任何人都可以上，換成是男生就沒問題。

這些理論，就算明白了都會受傷。理性的論述，或身體自主的想法，是長大後讀到再加諸自己的。雖然它會梳理到一點點感受，但一出世開始，社會就植入另一套思想給你，女性應該要矜持。

我常常猜別人怎樣看，很介意他人的目光。對自己過去的事，某程度都介意，理性和感性有落差，會用好多論述說服自己不應該受傷。這些要去拆解，但拆不到就要擁抱自己，令傷害難堪減輕，『我是臭呀，那又如何？』；但有時人家重提，我就打回原形。當身邊朋友又或者另一半不是如此想，就會覺得受傷。我說不出大道理，如『那陣子有感情嘛，有性關係很正常，有情慾也是很正常』。理性上接受到的，感受上還未過到自己那一關。一步一步來吧。

就算接受到自己都好，社會不會因為我而變，其他人還可以肆無忌彈地說話。望著身邊的女性朋友，bobo、小樺、姵妍等等都受

到攻擊，被取笑身型，覺得好過分，而攻擊者就覺得沒問題，不會停止。當你出文章批評，就說你裝可憐，根本無辦法處理到這些言論，無辦法令人覺得有問題，這一點令人最無力。」

　　由始至終，社會對女性的情慾和身體都有純潔的要求，偏見使這種攻擊方式行之有效。欺凌絕對是需要批評之惡，但其實人們需要壓抑性、避諱討論性，是使這些事情發生的根源──父權社會對人性的扭曲，深植於我們體內。

　　女性參與政治，豈非要不形象純潔，要不拒絕參與？當然不，這並非無可改變。開墾一種視野，需要落實、貫徹、發生於日常之中。遊行上街可以引起關注，立法可以有最最基本的保障，可是人與人之間的態度，是無法用法規來限制和迫使的。我們是有責任時刻有種警惕：

　　到底自己作為個體的參與，是為集體的善提供了條件，還是為集體的惡提供了出路？有沒有因政治立場的「策略性需要」，而選擇放棄其他方法，為集體之惡讓路，甚至參與其中？有沒有因為政治立場，在欺凌發生之時選擇被動參與，成為縱容集體之惡發生的共犯？

Passion
and Hope

堅不離地
——遊走在課室與街頭

訪問｜Kit Ling
撰寫｜Kit Ling

  ……及後，留守金鐘，到旺角幫手是她們的日常。然而她們實踐理念的場所，不限於在街頭，她們在自己的學校，成立政改關注組，推動討論和公投，爭取在學校拉起「我要真普選」的橫額。

  姊妹同心，其利斷金。

校內公投、爭取張掛「我要真普選」橫額

Alice和Winnie兩姊妹就讀同一間中學。姊姊Alice唸中六，今年（案：2015）考DSE[1]，妹妹Winnie是中四生。自926開始，不少中學生都投入罷課行列，到927佔領和928發射催淚彈事件後，輿論沸騰，年輕大學生和中學生的參與更踴躍。據她們說，在928之後，學校的老師曾經把早會（Assembly）及緊接的兩個課堂安排為討論會，讓全校的同學可以自由發言、討論事件。但不到兩天，學校因收到一些家長的投訴，認為這個安排會耽誤其子女的課堂學習時間，隨後，學校就宣佈要「保持中立」，而且還規定學生不可以穿著校服去派傳單或者宣傳政改。

Winnie透過聯校中學生的whatsapp群組知道有中學生在自己學校掛「我要真普選」橫額的行動，於是她預先登記，然後領取了橫幅和直幡的「我要真普選」各一，打算在校內張掛。但是，她們清楚知道學校是不可能批准她們張掛橫額的，所以她們選擇了以「突擊」的形式進行。

她們聯絡了幾個關心雨傘運動的同學，包括一個長駐於金鐘的同校女生，一共五個人，她們稱呼大家是「同路人」。一個放學後的下午，有人負責把風，有人負責掛。大約下午四時，她們把直幡

的「我要真普選」掛在學校外牆，然後大家一起拍照。根據住在附近的同學匯報，大概六時多，學校才把直幡拆了下來。她們齊齊表示，可以保持到兩個多小時，已經覺得很興奮！

第二天，她們一行五人主動去找校長，「我們在想，今次校長一定會懲處我們，但大家都已準備好承擔責任。」Alice回憶道：「校長沒有責罵我們，只是表明學校要保持中立。」隨即，她們勇敢地向校長提出要在學校張掛「我要真普選」橫額的訴求，以表達同學的心聲！但校長認為不可以就她們五人便代表是全校同學的心聲，亦表示即若要掛，也只可掛在學校內。

因學校是天井形式的建築，她們知道校方是不想讓街外人看見橫額，但可以在校內張掛，也比「一定不可以掛」來得好了！還待解決的就是全校學生是否認同的問題，她們最後決定在學校籌備第一次「公投」。校長沒有反對她們的做法。

1　旺角彌敦道上抗爭者架起的路障上方飄揚著「我要真普選」標語。
2　旺角彌敦道上，市民募捐供抗爭者休息和留守的帳幕。

她們五人就迅速的成立了「××中學政改關注組」，並聯同學生會等，在校內進行了一次意見調查。Winnie代表關注組在早會宣佈，然後各人到課室派發問卷共約800份，收回問卷約有九成，當中有七成多的同學都表示贊成「在校園張掛『我要真普選』橫額」。

　　最後，「我要真普選」橫額成功地張掛在校園！對於她們來說，這是一次很珍貴的小勝利。即若現時，我也能從她們的臉上感受到跳出來的興奮。第一次上台發言的Winnie回憶說：「我並不擔

心其他同學覺得我是攪事，因為我覺得若事情是對的，我就會努力做下去。」

其實，能遇上對她們犯錯，不過於苛責反而給她們機會，讓全校同學能在老師帶領下討論社會大事的校長，她們是幸運的！她們不但能體驗民主的歷程，並有機會和學生會的同學們，在實踐中培育自我組織的能力！我看到自發的教育在社會，街頭和課室的連結。

中學生的Whatsapp群組和動員

Winnie認為在今次運動中，中學生的組織力相當強。全港中學生的組群，分成不同區域，她們屬於九龍聯校，互通訊息。之後她們在學校發起「流動連儂牆」，一齊舉傘、唱歌等，她覺得可以繼續做街站（編案：在路邊派人設立臨時攤位宣傳），亦希望配合有更大感染力的學民思潮，進行下一步行動。「在金鐘拿到的單張內容太深奧，我希望可以做簡單易明的，吸引同學關心。我認為可以透過做壁布板和論壇，呼籲大家要繼續爭取，讓更多同學覺醒。」Winnie說：「很多低年級的同學都受父母影響，認為佔領造成阻塞道路，而且他們仍然只享受自己生活，覺得政治和自己的生活無關。」Alice也建議每個星期、在早會用15分鐘講解運動的進展和消息，解

釋為何示威者會犧牲私人的時間、犧牲工作或家庭，而為社會出力。她們希望同學不要做一個政治冷感，或沒有社會意識的人。

Alice和另一位「同路人」已經是中六生，要備戰DSE，即將會離校，然後只能作後援角色，學校的組織工作要由Winnie接棒，而關注組只剩下三個人。Winnie擔心起來，然後兩人又異口同聲的說：要搵（編案：爭取）多些新血。Winnie即時慨嘆暫時沒有人選，Alice就立即說她有一個在金鐘清場當日見過的同校生……然後兩個人就拿著手機，投入的看相片。

市民將寫著訴求和心聲的告示貼以及其他抗爭文宣貼滿金鐘政府總部，形成了雨傘運動重要地標之一的「金鐘連儂牆」。

1 有心人用投影儀等器材，將
   來自世界各地民眾支持香港
   雨傘運動的心聲投射到連儂
   牆上，為香港市民加油打
   氣。此照為來自中國大陸的
   支持者的鼓勵。
2 來自台灣的支持者的鼓勵。
3 來自美國的支持者的鼓勵。

　　我看著她們討論如何尋找上存相片的人，以便聯絡目標人物。我體會到她們那種忘我的投入，她們隨時隨地都在做著組織和動員的工作。

　　我還記得「旺角清場」[2]的那晚，我和Winnie初次認識時，也是因為她手機內的一張「警方發射催淚水」的圖片。那時，我站在她的身旁，好奇地問她為何能這樣快收到訊息。

跟著我們在兵荒馬亂的旺角街頭，沒有理會擦身而過的人群，很認真的討論「催淚水」是否較「催淚彈」更厲害？還討論著該如何去應對？以前學會如何處理中了催淚彈之後的方法還管用嗎？到底是用清水沖洗還是用生理鹽水較合適等等細節問題。那時我才認識中學生whatsapp群組，如何在罷課、佔領期間，第一時間互傳訊息，我和夥伴們都不禁輕輕地尖叫了一聲：「好厲害啊！」

一切從D&G開始……

　　她們第一個參與的行動是「D&G事件」[3]。參與的原因是「覺得不公平」，「店鋪不可以這樣對待香港人」。當天她們響應網上的號召，在店鋪門外拍照，她們記得當時還有一對新人在門外拍照。這是2012年的事，Winnie說當時自己年紀很小，再加上是回應網上動員而參與，事前並不認識其他人，如果沒有姊姊陪著她，其實她會感到害怕，她慶幸有姊姊結伴同行。

　　說到這次「D&G事件」的重要性，Alice侃侃而談，認為事件是「中港矛盾」的爆發點。在她眼裡，這象徵著香港的管治開始以「大陸」為本位，很多香港政策其實是協助大陸政權。譬如港珠澳大橋、高鐵等等的「大白象工程」都主要是將中國大陸和香港連接

起來，讓兩者的關係越來越連成一體，以便將「共產主義」等思想傳遞及融合到香港。

因此，Alice認為有需要站出來。

兩姐妹的政治意識是自小開始培育的，她們會和家人一起去六四集會、七一遊行，也常常和爸爸一起討論。爸爸不讓她們看電視劇，只是可看新聞報導，所以自小至今，她們都不會追劇，一直都是留意時事較多。我好奇問她們父母是怎樣的人，她們很簡潔的回答：「爸爸都只是一個普通人，沒有參與任何政黨或組織，而媽媽則是公務員。」

不管一切都要留守的決心

926當天，Winnie與Alice響應學民思潮呼籲，參與中學生罷課，到政府總部集會。下午因為感到集會有點悶就離開了。回家後，她們從電視新聞報導得悉黃之鋒（編案：當年的學生組織「學民思潮」召集人）及其他示威者重奪了公民廣場。於是，她們又重回公民廣場，而且徹夜留守。

期間，母親持續地提醒她們這是非法集結、是犯法，又「恐嚇」不會再讓她們參加。直至928早上十一時多，經不起母親的不

斷催促，她們不捨地離場。臨走前，她們還協助為水馬（案：灌水式的活動塑膠護欄）入水、增強防禦。

回想當時，Alice有著一種不管一切都要留守的決心，Winnie也很堅定的表示沒有後悔，留守讓她見證著「佔領中環」正式開始。

她們至今無法理解政府發射催淚彈的原因，因為面對的是沒有攻擊性的普通市民，並不是暴民。928的晚上，Alice也曾送物資到灣仔，路上很多人都說警察會開槍，勸她們走。

接著的日子，她們常常留守金鐘，有時放學會先去旺角逛一會才去金鐘。最初，沒有帳幕，晚上她們就睡在馬路上，試過是用垃圾袋墊地下。之後，買了被和帳幕，晚上才可以在帳幕內睡覺。她們仔細告訴我，她們在金鐘的不同地方睡過，包括在公廁附近、夏慤道、添馬公園、學聯吹水台等等。她們輕描淡寫的說：「其實好多個位置都睡過。」後來她們的帳幕不見了，就睡在物資站的帳幕內。

聽著她們這樣說，想像這群年輕人如何餐風露宿，為著一個單純的願望，為香港爭取更美好的未來，我的心不期然酸了起來！

隨著學民思潮回應「林鄭月娥說佔領人數下跌」而號召大家固定地設置帳幕，她們才開始有固定的位置留守。在金鐘地鐵站海富中心出口對開的馬路，從那裡再過一條馬路便是自修室，她們也常

常在那兒聊天。

　　佔領時，她們的每一個週末都是這樣過的：即星期五放學回家，或者補習後回家，更衣洗澡後，便出去金鐘過夜。星期六下午就去補習，晚上又去金鐘。她們覺得正如她們「回家」一樣，無論如何，晚上，都會「返去」金鐘。

　　我很驚訝她們說一點都不覺得辛苦，而且還能熟睡。最初的幾天，她們要時刻保持警覺，害怕隨時會有甚麼事發生。有一次睡夢中聽到叫喊聲，她們就立刻用膠檯布收拾好物資。她們笑著說後來才知道是虛驚一場，於是又再倒頭大睡。提到把書包當枕頭，她們自己又大笑起來。

　　「佔領期間，有很多論壇在旺角、金鐘舉行，有人圍起來就討論，曾經見到有叔叔在爭吵，也有佔領者很耐心的去解釋，我感覺很好。」姊姊Alice說：「佔領區最能夠讓我感受到香港人的人情味。有別於我一直以為的政治冷感、善忘、冷漠。」

　　這次運動中，香港人的團結、互助、樂於溝通交流，還有無限創意的ART WORK，都讓姊妹倆感受至深。

　　所以當旺角被清場時，她們好不捨，好像自己的家被清空一樣。Winnie說：「現在想起佔領區的種種都心痛！偶然經過彌敦道，很陌生、和我無關了……這街道好像已經不再存在……」

不知是否為了打破良久的沈默，Alice又重提佔領區的窩心事。她很記得一次在佔領區看到臺灣人寫的留言說：「欺負香港，等於欺負我們的姊妹！」她覺得好感動。另外，她很開心，她們一班中學生在過程中，能夠帶動更多人一起去關心這場運動。

Alice繼續回憶道，那年她在唸中五，剛好遇上了HKTV發牌事件[4]，她約了一起上演藝課的同學，參加立法會外的抗議集會。到了「佔中」，她們就再一齊參與，一齊留守！在一次留守夜話時，朋友坦言告訴Alice：「是因為你，令我開始認識和關心這個社會，然後站出來。」Alice很興奮又自豪的說這是第一個受她感染的人，讓她喜出望外。當然她認為最重要的，還是因為政府做了很多不公義的事，才會令大家開始發覺有問題，必須要站出來。

性別身分與社會運動

她們兩人認為今天女性已不可同日而語，她們在佔領區、甚至前線都見到好多女學生。Alice認為在讀書、就業方面，女性都是獨立的。在政治方面，從前大眾會說「政治是男性的事」，現在已見到改善。例如，以往只有男性才做到高官，現在也有很多女性都可以做到。然後她們就列舉美國有希拉蕊、臺灣有蔡英文都參選總統，

1	2	
3	4	5

1　金鐘的公民廣場
2　金鐘的公民廣場
3　旺角彌敦道街頭自修室
4　金鐘自修室旁的溫馨提示及鼓勵
5　有人用雨傘做成帳幕掛在金鐘海富中心外的自修室上方。
　　這樣的藝術創作也有實際用途：為學生遮風蔽雨。

1 金鐘雨傘帳幕上方掛著另一塊自製的橫幅,上面用簡體字寫著:「香港爭普
　選要民主。為什麼全世界都知道,只有大陸不知道。」雨傘帳幕下都是在自
　修的學生。

2 金鐘抗爭現場的街頭藝術無處不在。為路牌改名是其中一種常見的Art Work。
　例如,原本的「立法會道」就被改成了「真普選係邊道」。這也是抗爭者對
　民意代表機關不能代表民意表示沮喪。

3 旺角街頭的雨傘作品中畫滿運動的事件及地標。例如金鐘的暗角事件、大
　台、流動民主教室、自修室、在旺角彌敦道出現的關公與耶穌等。

4 站立在金鐘夏慤道雨傘廣場上的雨傘人雕塑。

5 撐著黃色小雨傘、繫上黃絲帶的龍貓站在金鐘立法會門外。

6 在旺角四處可見的黃色小雨傘。

1	2
	3
4	5	6

甚或韓國已有女總統等等。但是，她們也認為全面參與政治的女性其實還不算很多。

至於運動中的性別定型，例如「你是女仔，走開啦，不要阻住」這種說法，Winnie覺得這是出於保護女性的心態。佔領者也會呼籲身穿校服的同學不要站太前，要留在後面比較安全。Winnie的回應是：「多謝他們關心」，不過她強調自己是懂得衡量的。因為「佔中」運動都一直提倡未滿十八歲的不要參加。所以她會自己小心。Alice提及很佩服和欣賞「14歲粉筆少女」，以畫畫表達對社會的關懷，她認為關心社會是不應該有年齡限制的。

當提到警察對女性示威者說「捉你返警署強姦」，她們一致認為是侮辱，是性侵犯女性。從前她們不會相信這會出自警察口中，因為以前警察的形象都不壞，但雨傘運動之後，讓她們看清楚一些警察的水平，還有他們作為「政治工具」的真面目。

1

2

1 在抗爭現場寫著標語的兩姊妹。
2 「14歲粉筆少女」的創作。
（兩張照片均由受訪者提供）

期許・未來

　　面對媽媽，她們現在儘量不會談及佔領，否則會引起爭拗。但她們總希望能慢慢說服她，讓她明白姊妹兩人不是人云亦云，而是真的有思考清楚才投入抗爭的。

　　Alice希望DSE成績理想，能入讀大學的社會科學學院。她過往對很多時事新聞感興趣，亦會深入了解及選擇參加不同的社會運動。她特別提到保育的問題，如環境影響生態，「現時在大嶼山附近水域，白海豚只剩大約五十至六十條，近年數字更是不斷下降。」Alice認為「數據不會騙人，我們要靠實證，再加上自己的思考分析，就能夠分清事情的對錯。」

　　對於未來，她是很樂觀的。她相信有過第一次運動，就會有第二次。她舉例說陸續有人在獅子山及其他地方掛起「我要真普選」的橫額，讓她知道運動是可以延續下去。她相信將來會是由她們這一代塑造，這只是時間的問題。只要一班人堅守下去，現在政治的謬誤，將來可以糾正。

　　Winnie對運動仍然有很多思考，「反國教」成功迫使政府擱置計劃。但今次佔領對她來說是「一個桔都冇」（案：一點收穫都沒有）。所以她認為要考慮有沒有足夠條件才去「升級」，或者怎樣做新的

策略。她認為未來最重要是爭取「取消功能組別」（案：指立法會功能組別選舉）。而她希望大家去佔領不是湊熱鬧，不是追趕潮流，而是能把「爭取」延續下去。

佔領區內，不少身穿校服的年輕人與星月同眠，為未來貢獻、犧牲。姊妹二人在佔領區面對著充滿性別歧視的威脅性語言暴力（如說要強姦女性示威者等），仍然無畏無懼。聽著她們分析現今女性在政壇地位的改變，批判男權中心政治，或許有一日，她們會成為婦女運動的推動者！而在「我要真普選」的大民主旗幟下，兩人堅不離地遊走於課室與街頭之間，與「同路人」大無畏地在校園張掛起「我要真普選」的橫額，慶幸未來掌握在她們這一代之中。期盼香港有真正民主的一天，校園內、獅子山上也再無需要「我要真普選」橫額飄揚⋯⋯

本章註

1   DSE，全文Hong Kong Diploma of Secondary Education Examination，
    是香港學生完成中學教育的公開文憑考試，作為升讀大學的評估依據。

2   旺角清場：2014年11月24日，法庭頒布禁制令後，警方針對旺角示威
    展開清場行動。

3   D&G事件：2012年1月，有港人於義大利時裝品牌D&G尖沙咀分店外
    攝影時，被商場保安員禁止攝影並驅趕，但中國大陸遊客攝影則未受阻
    攔。事件引發群眾於該分店外集會、攝影及示威，亦引起一系列港人與
    中國人差別待遇的討論。事件最終以D&G發表聲明道歉告終。

4   HKTV事件：2009年年底，當時香港三間電訊商向廣播事務管理局申請
    免費電視牌照。至2013年10月中，行政會議完成審批程序，但只批發
    牌照予其中兩間電訊商，而HKTV則不獲接納。由於香港政府拒絕公開
    批發照牌的條件，惹起公眾質疑。在輿論壓力下，時任商務及經濟發展
    局局長蘇錦樑和香港行政長官梁振英先後表示，基於行政會議的保密原
    則而不能公開交代原因，僅指出涉及「一籃子」因素。事件引起香港社
    會強烈迴響，觸發12萬人遊行及包圍香港政府總部的事件。

站在前線的龍和道女孩

訪問 | Kit Ling and Jackie
撰寫 | Kit Ling

　　Christina和Cecilia，兩個中學女生，十七歲，就讀中五。她們穿著校服，留守在龍和道。在性暴力事件發生之後，在旺角佔領區，撐起帳蓬，靜靜的看書和參與討論，撐的也是香港和自己的未來。

政治啟蒙

　　Cecilia是從923罷課開始留意事件，當9月26日那天學生衝入公民廣場，FB有很多討論，她便想去看一下。其實就是這麼的簡單。她雖然有參與「反國教」，但她認為「不算好政治」，因為當時十五歲的她正讀中三，覺得「反國教」是自己切身問題，所以覺得應該關心。

　　Christina則說她「七一」、「六四」都沒有參加。直至926，Cecilia邀請她一齊去添美道集會。 Christina才開始去接觸，慢慢思考整個社會的問題，她認為自己的政治覺醒之旅，這刻才正式展開。

　　Christina 笑著形容自己：926到金鐘時，「其實好懞架」（案：懵懂），只是「聽人講」，然後拍手，但是愈聽愈多，她認識到這個政府，以至政制發展的安排，的確存在不少問題。她說，自中四開始修讀歷史，了解到香港的過去。她想不通為何香港在九七前後可以有這麼大的差別。她認為九七前的香港雖然不是很民主，但都比現在民主的情況好。在目前的政制下，就算是立法會內的「泛民」議員，也不能發揮到甚麼作用，也不能夠代表全香港人的聲音，好似新界東北事件[1]。這些思考都推動她投身這場運動。另外Christina特別提到是她是受小野先生（即盧鎮業，她用了先生的尊稱）和麥曦茵一

同擔任導演及編劇的一齣短片《香港愛我》而啟發的。其中的一段小朋友說的話令她印象深刻，這段文字她也在其他地方分享過：

> 當天星碼頭被拆，我沒站出來說任何話。因為就算天星皇后消失與否，我都是搭巴士（案：公共汽車Bus的音譯）上學。當要起高鐵，我沒站出來說任何話，因為就算有沒有高鐵，我們一家都很少返大陸。……
>
> 但現在我們住的地區，要起商場，收樓迫在眼前，都無人為我們說任何話，所以我們一家人兩個月後就要搬出爺爺留給我們的唐樓，我們還未知道會搬去哪裡。

Christina續說：「我不是什麼偉大，只是覺得若再不行出來，我覺得歷史只會重覆。」這次，Christina跟自己說：「我不可以不站出來！」

在往後的日子，兩個女生就這樣義無反顧的投入了這個運動。

守在龍和道的日子

當問及她們有沒有面對過什麼難忘或危險的事？卻沒有想到

兩個女生爭著以最搞笑的方式，憶述她們站在最前線的「危險」經驗。Cecilia說：「有一晚我們通宵留守到早上七點，大概只睡了20分鐘，已經準備返學。我和另一個女同學負責買早餐，怎知買完早餐回來，就知道要『立刻走』，於是在倉促中，各人一路走一路在食那麵包……我哋係『差佬走緊埋黎都食麵包』，自己都覺得十分搞笑。」Christina替她們申辯說：「當然啦！未食早餐，邊有力氣走呀？」然後兩個女孩又笑作一團。搞笑可能只是為了接下來的緊張述說先作點調和！

她們在龍和道留守時，遇到同校的師兄（編案：學長），當時師兄只有一個人，她們也擔心他危險，另一方面又想她們只有兩個女生，有個男生一起是否會好一點？於是她們三人就聚在一起。說到這裡，她們都大笑起來，說：「怎料情況更差……原來那個師兄比我們更激，經常站在第一排，一拖便將我們拖到第一排。」

「站在第一排，當時和警察好近好近。」Christina說。「只是希望警察不要『打頭』。」她們手無寸鐵，對峙的時候，會認著最惡的警察，記著他們的編號。面對面那一個警察的編號也會記著，因為她們想，最有可能就是這個人打她們。然後Christina又會想，被捕後，誰會保釋她們。

儘管，那天晚上她們那邊無事，但另一邊聽說很多人受傷。

性別、性暴力和參與

旺角清場的時候她們也沒有缺席。

Christina擔心警察會對示威者採取暴力行動，希望可以出一分力。雖然她清楚知道那分力可能很小。

問她們運動期間，有沒有因為你們是女生，有些不同的對待或遭遇？Christina回憶說：身邊的男同學會告誡她們，「女仔不要衝」，或者請她們「唔好累街坊」（不要拖累其他人）。她們都會表示不同意，也不覺得自己會拖累其他人。她們不服，認為：「你憑什麼這樣說我？」她們兩個都認為無論是男是女，也是人，都是為了做好一件事。，並一致覺得：「年輕女仔反而比男仔大膽。」她們親眼目睹有女同學自己一個人站在最前線。不論包圍政總，還是衝龍和道，同場的女生都沒有膽怯。在旺角清場當天，她們說都仍有男生大叫：「女仔先走！走先！」但撐到最後，大家不分男女一起走，令她們感受到「香港人的團結」。

就算旺角發生性暴力事件，Christina都表示不怕。她說：「我無胸，你咪渣囉。」（反正我沒胸，你敢碰就碰吧！）其實，暴力總在她們身邊。她們也表示都好驚，只不過，當時覺得在旺角佔領區，好像應該有人會幫手，便好像好一點而已。

　　Cecilia說她在旺角清場和另一個女同學遭「藍絲阿伯」追擊的經歷！她說：「當時有個藍絲阿伯跟著我們，在我們後面說：『你們不用上課嗎？不用讀書了嗎？回家讀書啦！』他一邊跟著我們一邊鬧⋯⋯。及後，我們入了一間錶行，他又跟著入來，職員叫我們全部出去⋯⋯那個阿伯一直跟住我們，並用很侮辱的話和粗口辱罵我們。有路人見到，就幫忙喝止那個阿伯，替我們解圍！」說話很溫柔的Cecilia說這件事時，一邊說，一邊憤憤不平！Christina覺得這樣反而激發她繼續參與下去。

強烈譴責 暴力侵犯
全民糾察 守望相助

以為自己好大波

出得來示威
就預左俾人非禮

1 政府下令拆卸架在金鐘的巨大標語。
  「It's just the beginning.」寓意深長。
2 譴責性暴力的文宣。

在街頭,她們面對種種從沒有過的挑戰,而在另一邊,她們面對不少來自家庭、學校的責問。

與家庭及學校間的張力

Cecilia淡淡的告訴我們,雖然家人沒有阻止她參與,但是讓她耿耿於懷的是家人覺得她是以一個「玩」的心態去參與。因為爸爸中間會打電話給她,叫她「不要玩到太晚」。她會因為得不到家人

的理解，而覺得難受，她希望家人明白她真是很認真的去參與、去爭取，並不是去「玩」。她很鄭重的跟我們說：「我從來沒有忘記過初衷」。還好的是，Cecilia的爸爸並沒有阻攔她參與，願意給她自己去決定，還曾經幫她寫信向學校請假。她還是滿心感激的！

然而，Christina的處境自928之後就很不同，遇到很多波折！

927政總集會那天，本來Christina的爸爸不知道她有參與。她剛接了爸爸的電話，旁邊的人群就在大叫：「開路！開路！」所以就「穿咗煲」（案：被識破、拆穿），然後被爸爸「喪鬧」（案：狂罵），她當場哭起來。最後她答應會乘最後一班地鐵回家。大概凌晨一點多，她信守承諾返抵家中。

第二日，即928政府向市民發射催淚彈那天，Christina無法親身到現場，全日都只能看著電視報導。直到當天黃昏五、六點，警察向市民發射了第一枚催淚彈（案：當日共發射了87枚催淚彈），Christina當時好擔心、好害怕，因為她有很多朋友在現場。而她卻不能到現場幫忙，只能夠看電視的直播，打電話給朋友以了解情況，那一刻她只感到非常無助。期間，她和爸爸吵得很厲害！爸爸甚至說要把她趕出家門。當時Christina除了哭之外也不知道可以做甚麼。之後大家都沒有再對話。算來都有兩個半月。

回想起來，兩父女的爭拗很多。例如，Christina的爸爸認為佔

領行動不會成功，Christina就認為爸爸不應該認命，應該嘗試去爭取。她說來依然意氣難平。

Christina是冒著與家人「反目」的險，都積極參與雨傘運動。

經濟封鎖與「悔過書」

直到10月1日，Christina實在按捺不住，跟媽媽說一定要出去。她媽媽就以「經濟封鎖」阻止她，大家的磨擦再起。不過談到這裡，Christina卻笑了起來，邊笑邊說：「那次真的很大鑊（案：後果嚴重），媽說：經濟封鎖，那一刻很想死」。她回憶說：「我那時只向媽媽說：『好吧！封吧、封吧』就不顧一切的趕往金鐘。」

Christina每個月有一千元零用錢。但學校要交的費用五花百門，例如：冷氣費150元，堂費又320元，中間又要交雜費90元，參加女童軍的活動等等。這一千元還包括交電話費及「八達通」。Christina說，媽媽進行「經濟封鎖」一星期之後，她就哄媽媽說下次不會再去而平息了事件。

她說平日的她總捨不得花錢的。但參加佔領運動花了她不少錢，例如幫忙買寶礦力、暖包、退熱貼、 生理鹽水等物資。她和Cecilia多是在金鐘夏愨道那邊「執垃圾、派餅、 做呼籲」，不過她

們還是覺得要出一分力。

為了表明自己的立場，她親手寫了一封「悔過書」，向媽媽解釋清楚她參加的原因，也表明她會尊重媽媽的立場，但也希望媽媽尊重她。後來，母親表示都知道政府做得不好，但她希望Christina讀書，將來移民就可以解決問題。另外，母親覺得佔領區「不安全、好暴力」、擔心女兒的安全。雖然Christina努力解釋，卻無法說服母親達到共識，不過，這也是難得一次母女的交心。

未來的盼望

Christina說：「以前我是不理會政治新聞，但現在就什麼新聞都會睇看，研究下⋯⋯以前不會理會什麼「反國教」，現在政府什麼「三堆一爐」的諮詢⋯⋯都會留意多一點！」

「⋯⋯也認識到這個政府幾咁不濟，這麼多人行出來，它都無視不理⋯⋯。」Christina續說。

「有感情⋯⋯好感動⋯⋯沒有了『金鐘』好想喊⋯⋯大家同一個目標，前線的人完全可以不用食那些胡椒噴霧，可以還手，但他們沒有這樣做，我見到大家是和平理性地去追求⋯⋯」

回顧這七十多天，她們感受到香港人都好熱血，也堅信行動的

意義，也很珍惜這次讓她們認識政治、認識民主的機會。她們在金鐘佔領區的自修室與人討論。她們到旺角佔領區，可以和老一輩的人閒聊，聽他們講故事、講歷史、討論政府的問題，這些經驗對她們來說很珍貴。一次在吹水區（案：自由討論區），有藍絲、「自由行」、佔中的阿伯、演藝學生、聖約翰救傷隊、大學生、中學生，大概有二十多個來自不同階層的人，各抒己見，非常難得。

　　Cecilia亦提到一位七十多歲的婆婆，天天都從老遠的元朗家，帶水果派給年輕人。金鐘清場時，婆婆和她們攬住一齊喊（案：抱頭痛哭）。

　　Cecilia也反省了自己的改變。她認為她以前在學校好靜，好被動。這個運動令她變得有勇氣、成熟，有自己的主見。在學校雖然也有老師勸她不要參加，但也有不相熟的同學知道她有去佔領，主動關心她，她覺得好感動。她認為運動還未有成功，但最低限度令部分人醒覺。至於對將來的計劃，她認為因為自己是女性，沒有太多就業、經濟壓力，但她會期望自己在經濟上獨立，不會倚賴男性。

　　Christina雖在大陸出生，但是在香港成長，是香港人的一份子。她希望快些到18歲生日，拿到香港成人身分證，可以投票、也不需要家人保釋自己，而且母親承諾18歲就讓她自由去參加。她有一個正在讀小學的妹妹。看著妹妹很開心的唱在學校學會的國歌，她很

擔心將來的歷史書，會怎樣寫這場運動。

　　Christina最後開心的分享，有一次她找到了藉口，帶著媽媽和妹妹到旺角佔領區，儘管只是短短逗留了5分鐘，Christina已經很開心滿足，因為她們拍了照，將來她可以提醒妹妹：你要記得爭取民主的香港人，當時是如何在這裡堅守著！

　　筆者在兩個小時的對話中，聽兩位年輕的女生細數運動的種種，多次熱淚盈眶！因為這些年輕人的單純、坦率、真誠，她們對公義的追隨打動了我，更因她們義無反顧的勇敢而感動。容或有幼嫩的地方，但也看見她們清晰自己的參與、反思，和對未來的憂慮和盼望。我與她們回味這個運動的高低起跌，重新感受這一個運動。在回家的路上，我「滾動」（香港潮語，感動的意思）不已！

本章註

1　新界東北事件：2014年「新界東北發展計劃」於立法會審議期間曾發生多次抗議，甚至發生佔領立法會的事件。最終立法會仍於同年通過新界東北發展計劃議案。

衝入公民廣場的金毛女孩

訪問｜Kit Ling & 孫珏
撰寫｜孫珏

9月26日晚上，我被困於公民廣場內時，

聽到有人在哼著 "Wake me up when September ends"

那刻，心頭一顫。

——阿南，2014年9月26日公民廣場內的一名學生

9月27日上午，清場正在進行中。新聞直播裡看到兩個女警扶著一位金毛女孩向公民廣場外走去。那女孩背對著鏡頭，因為之前摔傷了膝蓋所以走得一瘸一拐。最後她的雙腳被拎起，迅速給警察抬出了畫面。

是抗爭選擇了我，還是我選擇了抗爭

　　阿南平時大大咧咧直來直去，在班裡人氣很高，人稱「娘娘」。「娘娘」那段時間染了一頭醒目的金髮，一身短打，很明媚的樣子，老遠就能看到她。926之前我並不知道她有很多「前科」，後來才發現，原來她早已不是「新人」，儘管並不是一開始就決意要參與社運。

　　中五畢業之後，脫離了中學的阿南感覺到前所未有的自由。沒有那麼多校規班規的束縛，她心想著要見識一下世界。於是熱愛話劇的她加入幾個劇團，認識了兩個小她一歲的女孩。其中一位後來成為反國教運動中學民思潮的成員。就是這兩位年輕的女孩，讓當時對政治一無所知的阿南見識了什麼是街頭的政治參與。

　　「那時是2010年，我覺得出去搞政治似乎很酷，又自覺比那兩個女孩年長，就開始覺得慚愧。之後就開始看新聞，想跟他們溝通

得上，很想多點了解政府……不停惡補，但還未了解透徹。」

時隔一年，人民力量發動包圍立法會，要求政府撤銷替補機制，超過一千人參與此次行動。那次是阿南人生第一次的街頭行動，是那個學民思潮的女孩拉著她一起去了前線。

「包圍了立法會三天。第一天後就覺得好辛苦。沒通宵留守，但站了很久。本來只打算去一天，但被另一個朋友見到，他是我在團契認識的組爸，他問我會不會去，我推卻說太辛苦了。第二天，組爸又問我真的不去？他說出來一天好像太少，不如多去一天見識下……」

經歷過懵懂的第一次之後，阿南開始尋找各種可以「為社會出一分力」的機會。為反對網絡廿三條[1]，她加入了「鍵盤戰線」（Keyboard Frontline），認識了一班同齡的戰友，開闊了視野。而帶她「入行」的中學女生，則一直與她並肩同行。

Wake me up when September ends

剛投身社運，意氣風發的阿南曾經從參與的能量中得到源源不斷的快樂，但越到後來，越發覺得快樂談何容易。她說，每一個議題都是切身的問題，我沒有權利去選擇關注哪一個，但自己和戰

友們的力量就好像是螢燭小火，遠遠不夠覆蓋方方面面，也不足以產生大的影響。於是她開始呼籲身邊的同學一起上街參與行動。這是一個不缺乏網絡點讚的年代，動不動就群情洶湧，真來的卻沒幾個。記得香港電視發牌事件時，她在臉書、在學校反復動員多次之後，願意站出來的才寥寥數人。阿南深深地失望了。一時間她意識到，越是大難臨頭的時候，自顧自的人卻那麼多。

有段時間，阿南負能量爆棚。有一次，她在行動中看到一位女性友人被胡椒噴霧噴到得整臉都腫了起來，眼線也融化了。她當時無比震驚：「覺得這個政府究竟在幹什麼，要我們女人衝出來。那時正值世界盃，我在臉書不停罵，大是大非面前還要去看球賽？」

她坦言這是驚嚇之後的情緒反彈。女性友人腫脹的臉，疼痛的表情，還有融化的黑色眼線一直歷歷在目，當時的孤立無助那麼深刻地留在記憶中，每每想起，仍覺得憤怒難平。「這個城市快沒救了！什麼樣的政府和什麼樣的市民，要年輕女孩在關鍵時刻衝在前線?!」

後來她還發現，就算關注同一個議題，社運圈子裡各持己見的情況也時有發生，實際的操作也可能天南地北，因此吵架翻臉絕交在社運圈中是家常便飯。理想和現實激烈地碰撞之後，阿南如夢初醒。現實雖未能打破要為社會做些事的初心，但有時也讓她感到蒼白無力。

公民廣場的16個小時

學聯宣布9月22日罷課後，阿南開始動員同學們響應號召。大部分同學的反應如意料之中的平淡。

罷課第四日行動升級，她跟著遊行去禮賓府，因為第一次意識到有被捕的風險，她格外地緊張。但抵達現場後看到人潮洶湧，便大大鬆了口氣，暗暗竊喜：「人那麼多怎樣拘捕呢。」誰知夜晚降臨，集會人數由最初的幾千減至百多人，現場通訊和安排混亂，焦慮又回來了。第二天原本不打算回去政府總部的她，因為答應了要歸還朋友的「尿袋」（充電寶）不得不再去一次。當晚九點多，她收到信息，說今晚會有行動，那個時候阿南就決定了要留守到最後，跟著前線的朋友共同進退。

「反正前一晚都預計會被捕，那就將預計撥落今天吧。」她笑得很開懷，彷彿說著無關痛癢的事。

然而這位年輕的大學女生卻是真的沒有預料到之後在她身上會發生什麼。

「一班人擠向立法會，聽到有聲就衝啦，很壯觀，一大班人出盡力跑過去。去到門口，反而有點驚，退後了少許，又碰上學民思潮那個女孩，拉了我上台。整個人很害怕，似乎不知去了哪裡。

不停跟著喊，公民抗命無畏無懼！以為坐幾個小時她就會拉我們離開。誰知一坐便坐了十六個小時⋯⋯」

我是在阿南的臉書上得知她衝進了公民廣場。她當晚僅有的兩個post都在叫人過去金鐘聲援。人越多越安全。

當時在廣場裡驚魂未定的她打了一個電話給媽媽，「阿媽我衝了進去」，被捕之前又報告「一會兒要被捕」，電話那頭的媽媽說「支持你啊」。現在回想起來，在大是大非的關頭那兩次簡短的通話，給了她塵埃落定般的踏實。「但被捕後釋放回家，阿爸阿媽罵得『一頸血』！因為父母很擔心。」

將近半夜時，她的一些要好的同學（就是那些曾被她稱為有些政治冷感的同學）給她發信息，說他們已經到了廣場外，邊流淚邊給她打氣，一直留守到了第二天清晨。

「他們因為我走出來，單單這一點已經令我覺得即使被捕也是值得的，如果因為我被捕十次，而多了人走出來，那你就拉吧。」

在公民廣場被困的16個小時裡，上廁所變成了一場跟警察鬥智鬥勇的人權保衛戰。因為警察的「貼身監視」，阿南忍了十幾個鐘都不願在眾目睽睽下去紙箱解手。27日中午，廣場內的民眾代表與警方談判讓有需要的人去廁所。當有人陸續出去卻無法回來的時候，公民廣場裡的人才發現中了警方的圈套。

「放走三個女孩，本來沒留意的，因為她們都比較沉默，跟著我去廁所。我徒身就走到政總，有兩個女警要查身分證。我沒帶……接著開始有人叫嚷，那三個上廁所的女孩呢？還未回來！」

有抗爭才有希望

被押送去黃竹坑的阿南，由於「記錄良好」很快就被無罪釋放了。她笑言原來自己在警察局裡受到的待遇還算不錯，沒有受委屈。經過這一番，她覺得自己結實、堅強了很多。就算後來一位藍絲朋友把她的個人資料向內地有關部門舉報，讓她在重獲自由後嘗試過關去內地卻被拘留四個多小時，她也說沒有關係。出不去不要緊，重要的是還可以留在香港。既然她選擇了抗爭，而似乎抗爭也選擇了她，那就只能積極地面對，勇敢地承擔，因為這是她這一代人無法逃避的命運。

9月28日被釋放回家的阿南在自己的臉書上這樣寫道：

長得那麼大第一次被捕抬走。

我還未整理好思緒，要大家擔心真的非常對不起。

……我希望今次這件事可以令香港人醒覺民主的可貴，

令香港人開始睡醒。

我知有些人永遠也不會明白我們這樣做為了什麼，

但我都會堅持，

因為不是有希望才抗爭而是抗爭才有希望!!!

民主之路，我好想大家一起走。

本章註

1   網絡廿三條：即《2014年版權（修訂）條例》草案，香港政府於2011
年至2012年送立法會審議，許多民眾質疑草案內容對於版權規範太
嚴，將影響創作自由，亦有民眾認為草案有政治目的，擔心造成白色恐
怖，故喻為香港網絡界的「23條」（即《基本法》）。草案已於2016
年二讀，但目前尚未完成審議。

Wake Me Up When September Ends

Summer has come and passed
The innocent can never last
Wake me up when September ends

Like my father's come to pass
Seven years has gone so fast
Wake me up when September ends

Here comes the rain again
Falling from the stars
Drenched in my pain again
Becoming who we are

As my memory rests
But never forgets what I lost
Wake me up when September ends

Summer has come and passed
The innocent can never last
Wake me up when September ends

Ring out the bells again
Like we did when spring began
Wake me up when September ends

Here comes the rain again
Falling from the stars
Drenched in my pain again
Becoming who we are

As my memory rests
But never forgets what I lost
Wake me up when September ends

Summer has come and passed
The innocent can never last
Wake me up when September ends

Like my father's come to pass
Twenty years has gone so fast
Wake me up when September ends
Wake me up when September ends
Wake me up when September ends

Identity Strug

Identity
Struggle

野草莓的告白

訪問及撰寫｜孫珏

　　野草莓是香港現有的10,963位內地生中的一員。就讀的新聞專業更是很多內地生的首選，和她同一班的基本都來自內地。在一心追趕GPA、在商場扎堆（編案：聚在一起）和更多不聞窗外事的「老鄉」中，她找不到適合自己的群。

　　約野草莓做訪談的時候，她立馬就答應了，很主動地安排時間和地點。當時是清場後第二個星期，她說，很想找人傾訴。

深度撕裂

2014年9月26號發生的事，就像天上掉下的一個巨大驚嘆號，砸進了這個內地生原本波瀾不驚的留學生活。當晚網上正在直播學生重奪公民廣場的畫面，現場洶湧的噪音一下子將她的腦袋塞滿，不能思考，身體僵硬，眼淚失控地往下掉。

九月底野草莓幾次帶著相機跑去運動的前線，要親眼看個究竟。「媒體上的東西不可信」，她說，「整個運動讓我開始不想做媒體，至少不想服務於某個傳媒機構。我來到香港就是想要一個更自由開放的環境，不想再做回以前在大陸學傳媒做實習時壓抑自己的這種事情。寫東西拍東西的技能我還是有的，那我就可以做一個公民記者。」

對新聞系的學生來說，不可能對如此轟動的社會事件置之不理。於是野草莓建議她的同學們以雨傘運動為題一起做小組作業。但這樣的提議卻讓她成為班裡的異類。

「剛開始的時候，你不會覺得大家的分歧會那麼大，只是（他們）接收信息的速度比較慢，或者沒有接觸到足夠的資訊。慢慢的你會發現他們在主動抗拒這個事情。他們有自己的這個牆，非常強烈的自我審查。他們不會直接說反對。只是說我還想繼續回大陸工作呀……

最近電視上這類信息太多看得太疲勞，不想做這個了……真的談到這個運動的時候，基本上都是一個論調：『有什麼用呢？』」

她的兩個室友，都和她一樣想留在香港。其中一個來了香港之後還是繼續看大陸的娛樂節目，對本地卻完全沒有任何了解的慾望。另外一個只看《東方日報》的新聞，在社交媒體上發關於佔中受外國勢力操控的論調。

自我審查

在這種環境下，她每次去現場都是一個人。「這樣其實比較安全，跑得也快。」她笑著說，「就算身邊有內地生，抱著湊熱鬧的心態去看一看，我都擔心TA會出賣我。」每次去現場也都要有撒謊的心理準備，「一起做小組作業的同學問我最近在幹嘛，我需要撒謊。跟我的室友就更痛苦。因為我晚上回來晚，就要不停地撒謊，每次都撒謊。問我今天去哪裡啦，去幹什麼啦，我就要想很多理由去騙她們。覺得好辛苦。」在教會活動上，她也從不透露任何關於佔中的想法，假裝置身事外，跟她身邊的教友一樣。

雨傘運動期間，香港反佔中大聯盟設立熱線，讓公眾舉報罷課或佔中學生的個人資料，甚至有人在社交媒體上偷取熟人佔中的證

據交給內地公安部門。這些類似文革時期揭發反革命的手段，明槍暗箭式的打壓，讓人發自內心地感到害怕：誰是可信靠的人？誰都隨時可能淪為散播白色恐怖的政治工具。

　　所以雖然她的高度警惕可能令人費解，這卻是野草莓唯一可以用來保護自己的方式。為降低風險，她在網上每次留言、發表文章都使用不同的名稱和登錄帳號，用完即棄。除了在他人面前隱瞞與偽裝，她還在社交媒體上對相關資料做特別處理。比如，在Facebook將朋友們都分組。關於這個事件所有post都只有最信任的那群人才能看到。「但發出去之後我每天晚上都會清空，這其實也是很悲哀的自我審查。」

　　十月的時候，爸爸過來看她，順便問起佔中的情況，她也只是輕描淡寫地說了一句，沒興趣了解，就把爸爸「打發」了。野草莓說家人知道的越少越安全，自知在內地政府的打壓往往更沒有底線，所以誠惶誠恐的滋味總是揮之不去。

　　她這一代內地的年輕人雖沒有經歷過八九學運或直接的政治打壓，在內地的成長體驗卻足以教會野草莓清楚地分辨哪些事不能做、哪些話不能說。「我們在（大學）寢室裡說話都很小心。偶爾講了一句比較反的話，就馬上開玩笑說，沒有啦我們都很愛黨。」她在內地讀書時學校旁邊就是軍事基地。每每發生一些敏感事件，

手機都會莫名其妙上不了網。她實習的地區據說經常有官二代出沒。「不用其他人告訴你，你也會知道哪些人和車是不能惹的，你要繞著走。」這些烙印，雖不強烈，卻潛移默化地在生活中滲透，至今如影相隨。百萬大道罷課那天，她怎麼也不能融入那高唱「抗戰二十年」鬥志昂揚的氣氛，「滿腦子都在想這些美好的東西很快會毀滅，這麼多美好的年輕人的理想很快就要全部破滅了……」

所有國家體制容不下的，都注定失敗。相比之下，那些曾在「激情歲月」中以「一顆紅心」和滿腔革命熱情去實現毛主席革命路線的父母輩是多麼令人羨慕。不管是被迫洗腦還是自我覺悟，這種轟轟烈烈的心境是曾屬於他們的，然後浮光掠影般一去不返。上一代人的親身體驗成了生長在物質豐富年代的獨身子女生命中無法承受之重。獨身子女的身分也讓很多內地學生不得不在佔中時期的政治氛圍中不斷提醒自己保持高度警惕、言行謹慎。一旦回不了家，誰來照顧爸媽?!

其實你不懂我的心

出於對罷課學生由衷的同情和擔心，9月28號那天野草莓猶豫著要不要去金鐘現場。她說，與其在家坐著看新聞乾著急，不如直

接在現場目擊真相。那個時候警方已幾次動用胡椒噴霧驅趕示威群眾，下午一點又開始封鎖港鐵站出口和示威區。

她站在家樓下港鐵站門口，給兩個在內地的朋友打電話。第一個說不要去了太危險了，現在開始抓人了。她立馬在電話那頭哭起來。於是朋友說，那妳去吧去吧。她如釋重負。第二個說：「如果是要去幫助弱小，妳應該去做一個中立的角色。如果有記者證或者是醫護人員，妳去，但妳什麼都不是。那還去不去呢？去的話就要面對風險，妳肯定會怕，因為害怕才會猶豫。那妳應該等自己變得強大時才考慮要不要去幫助別人。」

「掛掉他的電話之後，我還是去了。我覺得我可以在這個過程中變強大」。

野草莓當時不太會聽說粵語，所以每在現場她只能跟著示威群眾行動。有次她聽到很多人在喊「遮」，她並不知道「遮」是什麼，但看到很多人在傳傘，她也跟著把自己的傘遞了出去。看到有人在送物資，她趕緊跑去附近的超市，把能用的能買的都拿去物資站。但時間一長，語言障礙就讓她很焦急、沮喪和孤獨。聽不太明白，也不能清楚地表達自己。那些積壓在內心的複雜情緒，各種問題，找不到傾訴和釋放的渠道。

某晚她在立法會門口折雨傘的時候聽到三個男孩在用普通話

交談，以為是內地生，便鼓起勇氣過去跟他們搭話。之後才發現原來其中一位是專程從內地過來的。另外兩位本地的男生就用半生不熟的普通話問她，怎麼一個女生自己出來，這麼危險不害怕嗎？之前都是一個人來的嗎？妳好勇敢喔。當被問起將來的打算，她說畢業後要找份能留在香港的工作時，其中一個男生立馬笑起來：「很容易啊，找個香港人嫁了，不就能留下來了嘛。」野草莓隱隱然覺得不快，但初次見面又不好意思表現得太直白，只能半笑半認真地說，我一定能找到工作的啦。

也因為折雨傘，她還認識了一位很主動地照顧她的哥哥，11月30號和她一起在龍和道留守。「我如果被人撞了一下，踩到了石頭他都會很緊張。我當時真的很想跟他說沒有必要……你不需要這樣看（管）著我，全程一直都這樣按著我的肩膀……還說要送你去上廁所。」回去的時候，男孩堅持要護送她去坐車。到了宿舍後，她收到了他發來的短信。他說，想了想，還是覺得自己不應該帶她走得那麼前。「有沒有搞錯！明明是我自己要去，但是被你拉住不讓去的！」

野草莓事後回看這段經歷，覺得又好笑又好氣。就算佔中為公民抗命創造了機會，機會面前人人平等並不是必然的。在充滿風險的公民政治場域，她無法迴避性別權力的拉鋸。每次衝向前線，身

邊的男伴就不斷提醒她認清自己的角色：可以很勇敢，但並不非常理性；可以很堅強，但始終需要保護；可以很重要，但男人的本份才是與國家機器正面交鋒。像她這樣的年輕女子若想在社運角力場證明自己的存在和價值，創造獨一無二的生命體驗，不但要迎抗來自政府的強權，還需時時與男性主場的抗命思維周旋。即便如此，即便是螢燭之光，也點亮了大運動中經常被人忽視的小細節，理想與現實的落差。不能否認，那個堅持要護送她去廁所的男孩真的很仗義、可愛。也正因為他們的仗義與可愛，很多時候野草莓話到嘴邊又嚥了回去。

龍和道那次之後，野草莓在臉書上得知曾經採訪過的一位男生在現場受傷被捕，還在差館挨凍。她感到特別心疼，特地為他煲了一大鍋放了人蔘、紅棗等藥材的雞湯，送去給他喝，「然後他說很好喝，我整個人都好開心……」。故事的結尾雖不如她所願，但她的愛心雞湯卻讓這位男孩和住隔壁帳篷的女孩結緣，成就了他倆的愛情。

……

直到有一天，滿懷心事的野草莓在現場負責寄明信片去內地的小檔口遇到了一個會說流利普通話的香港女孩。「……就這樣聊了起來，說了好久……然後大家都哭了，抱在一起哭……」自此之

1-2　野草莓的現場記錄。
（兩張照片均由受訪者提供）

後，這個在現場為大家寄明信片的女孩就成了她無話不談的朋友。先前的男生認定她需要被照顧，面前的女生卻讓她感到平等自我，這個差異讓她開始意識到性別在社會運動當中的位置。

找到自己

旺角清場衝突最激烈的時候，正是緊張的備考階段。她在圖書館收到立法會門口認識的那個男生的telegram，問她有沒有事。他當時正在旺角街頭，剛剛從警察的追捕中逃出來。比他稍微跑得慢一些的幾個人都被打了。野草莓頓時覺得愧疚萬分，「我把這種感受跟兩個香港朋友說，他們都說，其實妳都不是香港人啊，妳走出來已經很感謝了。我那時候回答他們說，個個都跟我說我不是香港人，可是公義這種事情，走到全世界都是一樣要追求的。但後來我想，也許我早就忘記自己不是香港人。」

終於等到考完了試，趕去現場的時候才發現在沒有帳篷的彌敦道她完全不認識路。那時候她想，如果我的考試不是在那個時間就好了，如果遲一點或者早一點就好了。可是現在，一切都太遲。安慰她的人說，總要結束的。「是啊，誰都知道會結束的。正如每個媽媽都知道，自己的孩子總有一日也是會死去的。可是媽媽還是會

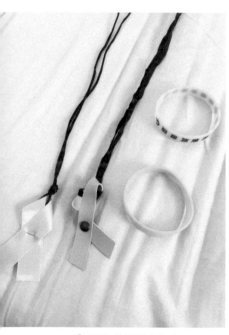

▌野草莓的雨傘紀念品
（照片由受訪者提供）

懷胎十月把孩子生下來，再用滿心的愛去養大。」

「沉澱下來，終於想明白了自己的身分。我是學生，是新聞系學生；是公民，拿起筆和相機的一刻也是公民記者；是女性，是不認為有必要縮在男性背後的女性；是內地人，是和許多香港人分享同一種價值觀，卻和身邊的老鄉們深度撕裂的內地人；是基督徒，是因為香港而開始研讀聖經的基督徒。我是天真又不服輸的一群中的一個。找到自己的位置，就知道該往哪裡走了。」

現在回看9月26號當天的直播時，她說發現跟之前看的感覺完全不一樣。

「因為我已經知道那些人是誰，他們是有名有姓的。我知道整個事件的來龍去脈。9月26號的時候是恐慌，現在再看覺得他們也是我的戰友。」

奇異果的勇氣

訪問及撰寫 | 雨豆

　　認識「奇異果」已經幾年了。一個女生，從內地來到香港讀大學，我一向知道她在種種社會議題的投入和參與，亦感受到她對佔領中環這場運動的支持。

　　但當我於9月11日看著她頂著一個大光頭走過來，確實令我目瞪口呆。前一天，正正是佔中三子與四十多名支持者「剃頭明志」，悲壯的儀式，亦是揭示著未來的佔領與犧牲。

　　摸著她的光頭，除了高呼：「好可愛喲！」在當時沉重的氣氛中，大家都沒有多說話。

　　事隔4個月，「用愛與和平佔領中環」並無跟隨著預期發展，雨傘運動更為浩大。奇異果的頭髮也慢慢長出來，由小光頭變成了小毛頭，我們終於有機會靜下來，回想一下整場雨傘運動。

為甚麼剃頭？

因為生氣！

深受公民社會與Deliberation democracy學說的影響，奇異果自一開始就支持佔中運動，積極參與DDay 1和DDay 2，但她發現，其實參與者都帶著既定的立場，本身已不信任中央，覺得將來一定要佔中，甚至參與者認為商討沒有用，不如直接做訓練，直接去佔領。她慢慢對運動越來越走向「激進」感到不安。

「到Day 3要選方案，我不在香港，回來之後看到投票結果，我就覺得不大能再去認同這件事情。因為我本來是從內地來的，就覺得這個東西根本就是不可能的。我是很悲觀，我在想，為甚麼要那麼任性呢？本來是有很大的空間可以談，可是現在要逼得那麼緊。」

不認同運動的目標，奇異果慢慢淡出於運動之中。但是看到中央決定的政改方案，她覺得實在太過分了！

「那兩天就覺得特別特別生氣，等到佔中三子宣佈要剃頭明志的這個時候，我就覺得可以表示一下個人的立場，可能那時候也覺得剃頭這事是中年或者是男人參加的比較多，可能參與的女生就比較少，但如果沒有這個犧牲的東西，就很難表現出你的態度嘛。如

果是剪掉了，然後一個月就長回來的（笑），我沒有說不認同他們的做法，我只是說如果有更多的女生認同這樣的做法，會更有說服力。所以我就覺得OK呀，我可以參與呀，就剃掉。」

縱使她好像說得很爽快，剃掉頭髮就剃掉呀！但其實她還是很糾結，糾結了三天，原因很簡單：捨不得。

「我就覺得很不捨得。真的很捨不得！！不捨得頭髮呀！我留了很多年，之前三年我都沒有剪過，對呀，剪頭髮之前我的頭髮已經到腰了。留到那麼長，真的是很不容易的！你知道留頭髮要花多少錢嗎？最後就覺得⋯⋯唉！都是身外之物啦，剪掉還是會長出來。」

在剪頭髮之前，奇異果決定要去拍一套寫真，紀錄下自己長髮的時光，了卻自己心願。攝影師幫忙拍照時，知道奇異果將剃掉頭髮，完全不敢相信，直問是否因為失戀，即使知道她是為了政治原因，還是不相信。拍攝後攝影師跟著奇異果到理髮舖，用手機紀錄著剃頭的過程。理髮店的老闆娘也不相信，不願動刀，奇異果只好自己拿剪刀，剪掉一撮頭髮，說：「你看！我是真的不要了！剃掉吧！」老闆娘才願意動手，慢慢把奇異果變成一個小光頭，好像小和尚一樣。

當我問起剃頭時有沒有犧牲的情懷時，奇異果直言沒有悲壯的

感覺。佔中三子與支持者四十多人一起剃頭明志，是一種儀式，為將來佔中揭開序幕，但自己沒有參與這個儀式，是因為她覺得這是一個個人的決定，是表示著對中央決定的不滿，而非展示對佔中運動的支持。當真正落髮的時候，她反而有著一種如釋重負的感覺，覺得自己終於能找到這一步了，覺得很開心。「從來從來沒有過，從有記憶而來，你知道女生都不會光頭，所以看到自己光頭就覺得很好笑。」

佔中43人剃頭明志，只有2位是女生。落髮彷彿是男人的事，充滿了Masculinity（陽剛氣概）。奇異果坦言一開始沒有這樣想，亦因為之前曾聽聞內地公民社會中，有一群女生為了爭取男女高校入學平等一事而剃光頭，讓奇異果覺得女生剃頭不是不可想像的。但「如果我有男朋友，或者想找男朋友，那我就比較有顧慮。」

奇異果提到本來有一個正在追求她的男生，知道她剃頭髮之後，完全不能接受，覺得「你的頭髮那麼好看，為甚麼要剃掉？」奇異果跟她解釋了背後的政治原因和自己的立場，男生還是不理解，覺得「女生為甚麼就要去參與這種政治的東西？就算參與，也不用真的要剃掉。」後來說著說著，男生說要跟她一起剃掉頭髮，讓奇異果感到莫名奇妙。後來男生希望見面約會，但奇異果也不想見面，覺得自己無法跟一個不能接受自己這樣形象、不是喜歡個性

只是喜歡自己頭髮的男生約會交往。

　　甚至連參與公益圈的前男友也表示無法理解她的剃頭決定。奇怪的是，前男友覺得佔中三子剃頭很有勇氣，但對於奇異果作出剃頭決定就不能理解，原因是：「你的頭髮很好看呢！」

　　反而身邊其他朋友對她的光頭決定都表示支持。身邊的朋友圈子比較小，亦普遍支持運動。不少很久沒有聯絡的朋友，都說要約出來食飯，看看我的光頭。「大家都在摸我的頭！光頭的時候大家都在摸我的光頭，到最後長了一層細細的絨毛，那大家都在摸我的毛頭！（笑）寫寫東西，就會有一隻手來摸我的頭，其實都蠻舒服。」

　　當奇異果分享剃光頭這段經歷，我們才發現頭髮在性別和舉止上有著很大的影響。奇異果覺得剪光頭本身是一件很Liberating（解放）的事情，甚至覺得自己的行為會因為頭髮長短而改變。「越來越感覺到自己像一個男孩子。感覺自己看起來像男孩子，穿衣服會穿得比較中性一點，會調戲一下身邊的女孩子。」因為在剃頭之前，自己會保持淑女的形象，反而在剃頭後，在認識新朋友時，會更多展示自己性格上的東西，表現得很酷，她覺得剪短頭髮感覺很好，一開始還是會帶帽子，但後來乾脆不帶，天天就這樣出門，甚至有陌生的男生說：這樣很帥！這讓她很開心

至於跟父母的關係，奇異果完全不敢跟父母說自己剃了頭髮，甚至她在剃頭前已經考慮清楚對策。「今年春節特別晚，等到春節回家的時候，都已經是長得可以看了。就差不多是女生那種超短髮的那一種，就是女孩子的髮型，那我覺得我爸媽也不會有很大反應吧。」不敢告訴父母，是因為怕他們擔心自己女兒的安危和前途，擔心回不了大陸、回不了香港，會不會沒有辦法繼續讀書完成學業。

內地生的身分

相較於性別，內地生的身分對奇異果的影響更大。

面對整場雨傘運動，奇異果一直處於矛盾的心態。一方面她不贊同雙學（編案：「香港專上學生聯會」和「學民思潮」兩個學生組織）「公民提名，必不可少」，認為姿態太強硬，中央不可能答應。但另一方面，她亦不能接受警察的做法。「我又不能接受一群警察把一群中學生圍在那裡，不讓人家食飯，不讓人家上廁所，我覺得很過分。後來再出催淚彈，我就更沒有理由袖手旁觀。所以在理智上，兩面我都不能說是完全的支持，但是情感上更傾向支持學生。」

也正是這種矛盾，讓奇異果無法全情參與運動中，無法跟大學生站在最前線，去推鐵馬、跟警察直接衝撞。她選擇到佔領區，

坐在馬路上看書，或是在旁邊聽別人吵架，也拍一些照片，算是佔領裡面最普通的一分子。其實她覺得自己沒有很實際的幫忙，算是「多我一個不多，少我一個不少」的這種角色。她曾把自己的帳篷拿出來，嘗試拉一堆朋友一起去佔領區過夜，但他們都「各有各忙」，背後其實是他們雖會支持別人這麼做，但自己還是不會跨出這一步去做。

語言，當然是一種隔閡。「畢竟語言不同，會有隔閡感在裡面。然後，如果這件事情發生在廣州，哪怕我找不到人陪我去，我也會自己一個人去睡覺，可以認識新朋友。我知道在香港，我也可以認識新朋友，但自己心裡面就會有一點距離感。」在佔領區裡，她也很少跟人搭訕，通常是打電話時用普通話，身邊的人會問：你是內地生嗎？為甚麼會過來？他們的態度都很好，但沒有太多話題可以繼續聊。自己一個人在佔領區，慢慢讓她的參與度越來越低。

內地人的身分，會讓她看到不一樣的東西，這樣視角或許會讓她在運動參與中猶疑不決，但另一方面，她亦會運用身在香港的內地人身分，嘗試做出一些改變。

「在國內的一些網站上，對佔中都有一些討論，我作為一個當事人，經常在這些討論中分享自己的看法。有時候香港人不願意在這個平台跟內地人交流，而內地人也對香港正在發生的事很不清

楚，首先就缺乏資訊的來源，其次他們能看到的東西都是中央希望他們看到的東西，像是打架、打到頭破血流。我作為一個身在香港，能看到運動的內地人，我可能是最好的角色去參與這樣的一個對話。我會把自己拍的照片給他們看，會跟他們說，在甚麼時候去了那個地方看到甚麼樣子……。我自己會寫文章，也會留言。大概都是講自己看到的東西。例如我會寫我在地鐵站看到學生從超市買了麵包、香蕉，然後大家一齊扛著東西去金鐘，真的都是自發的，不是外國人投了幾億過來，弄來很多補給，不是這樣子的。………很多時候宏觀的、政治理念的東西，不是幾句話就能改變得了。我更想改變的是，他們會覺得：1. 佔中就是在搞港獨，2. 有外國勢力在推動，3. 上街佔領的人都是廢青，對香港沒有希望才會走到這一步。我主要是看不慣這三種講法。但這三種講法，其實在國內還蠻流行的。」

但是網上論壇很難保持理性的討論，網民往往都帶著自己預設的立法，支持的人看到會更支持，如果本身預設的是反對立場，就會覺得你是被收買、有偏見，甚至出現人身攻擊，例如：「去了香港幾年，就忘本了，以為自己是香港人，很了不起！」

陰謀論最討厭的是地方是你從來沒有辦法證明，又沒有辦法證偽，對方只會不斷攻擊你「沒有內幕消息，所以不知道。」這種討

論是沒有意思的，亦令人感到很挫敗。奇異果甚至有朋友會不斷強調「經濟論」，認為一切東西都是跟利益掛扣。民主，只是人家打出來的幌子。你相信就是你太傻。

　　在這些討論中，奇異果意識到大陸的「洗腦教育」並非表面的那種歌功頌德，而是讓人徹底與公共事務割離，以及一切都以利益為本的想法。

　　「我們都說，大陸那一種教育是洗腦，但是我一開始覺得不是洗腦，因為很多人都不相信。我們在中學大學學馬、列、毛澤東思想的那一套，大家都是不相信的，因為事實都不是這樣。但現在，從佔領運動，我慢慢開始意識到，這些洗腦會從另一個方面，他會讓你變得很非政治化，很Cynical（憤世嫉俗）。政治是生活不可分割的一個面向，因為凡是涉及公共生活，一定會有政治Involve（介入）其中；但我們所受的教育，是要讓我們每一個人在公共生活裡分離出去，然後個人自己在體制裡、在市場裡，進行投資，去追求自己的利益或權益，所以會很Cynical（憤世嫉俗），以利益為本、Utilitarian（功利）的一種邏輯。我不是說這種邏輯不可以，但如果你認為這個世界只有這一種邏輯去理解，完全容不下任何理念上的東西，這其實是非常狹隘的世界觀。你去追求你的利益我不介意，但你不能去貶低人家對於民主、自由的追求，不能全都簡約為

只是利益。」

　　奇異果也明白這樣在網上寫文章，不知能改變多少人。大部分的文章會在短時間內被刪掉，剩下的文章，讀者大多都是帶著預設立場，但她還是希望可以影響一些比較中立的人慢慢傾向支持。

雨傘運動帶來的改變

　　當我問到雨傘運動對她帶來的改變，奇異果一邊笑一邊答：我真的發現自己老了。

　　「我一直在想，如果雨傘運動是在我大學時期發現，自己會不會很積極Involve（投入）在這場運動之中，我覺得很有可能。但現在就有很多顧慮，會考慮，並不是理念上贊同，我就會跟你一直走下去；很多時候，我會考慮策略上的東西，現在的大學生其實只比我少幾歲而已，但我已不能理解他們的抗爭策略，不能像他們一樣探塑出一些新的可能性。我是很讚歎他們現在可以做到這一些，如果沒有雙學，根本不能有這樣持續的佔領。這一點，一定要承認。」

在結束的時候，奇異果分享了一段感受：

　　運動的結果，不管能否在短期之內得到效果，對大家來說都是一場洗禮。我是被洗禮的那一批，不是去給民主意識未喚醒的那批人進行洗禮。

　　其實我一直以為我會是行動的那些人，但我現在發現不是，我是被人家行動喚醒的那些人。

我們是被時代選中的一代！

其實我們也是被雨傘運動洗禮的一代！

WE CALL HONG KONG OUR HOME
我們以香港為家

訪問及撰寫｜Kit Ling及肥寶

　　Ansah Malik，香港土生土長的第四代巴基斯坦移民。在香港出生的她能說廣東話，但看不懂中文。即使面對著文字的隔閡（運動訊息以中文為主），Ansah仍然堅持一步一腳印，走入佔領區，全由「We Call Hong Kong Our Home」、「We stand together for Democracy for A Better Hong Kong」開始。

1　望著大大的黃傘，期盼民主快快到來。

2　Ansah與夥伴拿著「WE STAND TOGETHER FOR DEMOCRACY」的橫幅走入人群。

（兩張照片均由受訪者提供）

928，Ansah收到路經該區朋友的通知，才知道警方向學生、市民施放催淚彈，她感到很意外，也很震驚！和朋友商量後，她們認為需要Step Out（站出來），於是分別聯絡身邊的朋友前往金鐘聲援。他們當中有來自不同國籍的，包括巴基斯坦、尼泊爾、菲律賓、印尼、非洲，也有Chinese。

他們擔心因為是foreign faces（外籍臉孔），而被只當作遊客，或者是路過。為了清晰讓人知道We Are From Hong Kong，We Represent Hong Kong（他們居住在香港，也代表著香港），於是她們製作了幾幅很大的橫額去說明。其中一條上面寫著「WE CALL HONG KONG OUR HOME」（我們以香港為家），最能表明她心中所想。這也是Ansah一直希望香港人能夠理解的，她不是來旅遊或者暫住的，她是在這裡生活的。

Ansah Malik，香港土生土長的第四代巴基斯坦移民，在香港出生的她能說廣東話，但看不懂中文。訪問一開始，Ansah就跟我們用中文交流，只是不時用英文補充，最後我們還是以最能表達她的語言——英文，來對話和分享。整理訪問時，我們用中文撰寫，但會保留部分英文字詞以表達她的原意。

Ansah和另外兩位同班同學，是第一批在香港攻讀社工的foreigners（外籍人士），雖然他們聽得懂、也會說Chinese（廣東話），

但並不懂書寫中文，所以無法符合一般社工課程的入學資格，經過多次努力向校方爭取，最終三人成功入讀明愛專上學院的社會工作高級文憑兼讀課程，讓她能夠一邊讀書，一邊繼續在社會福利機構工作。

佔領期間，Ansah積極投入參與，即使佔領結束後，她仍然與參與「佔領運動」而日益壯大的群組緊密聯絡。五月初，她正籌備即將在尖沙咀舉行的「尼泊爾地震燭光悼念集會」，組織著各項細緻的工作，例如買花、買蠟燭等。她熱心的上傳了相關海報給我們，希望我們可以幫忙宣傳。

積極投入運動

Ansah一直都很關心香港的事情。議題Occupy Central「佔領中環」開始在社會上發酵、蔓延，她就已開始關注，嘗試了解「佔中」的原因及內容。初期，她因為忙於功課、工作，加上當時「佔中」的大部分資訊都是以中文為主，她較難去理解和積極投入。然而，Ansah對整個運動心存不少疑問，譬如「佔領中環」對香港的政局發展能起到什麼作用？「佔中」會否對香港帶來不好的影響？為解開這些疑團，她參加了一次特別為「少數族裔」而設的工作坊，進一步去認識和了解「佔中」如何作為爭取2017普選的策略。

直到928雨傘運動開始，她才有更深刻的體會。

她第一日站出來，拿著橫額，上面很清晰的表明她的心情，WE STAND WITH YOU（我們與你站在一起），WE ARE HONGKONGER（我們是香港人）。她們一行約二十至三十人，拿著橫額在佔領區出現，是頗惹人注目的。他們由旺角開始行，沿途有人在拍照，也有人加入。接著她們再往中環，然後步行往灣仔，再走到銅鑼灣。那時Ansah回頭一望，身後是一條長長的隊伍，Ansah驚歎Amazing（神奇）！

她和朋友接連幾天都拿著橫額在佔領區遊行，到了第二、三日，Ansah的聲音都沙啞了！除了因為叫喊口號，還因為許多人來跟她聊天，想了解她們是誰？問她們為何會出來？最讓Ansah感到溫暖和驚訝的是，有人跟他們說：你們都是香港人、We accepted you are part of Hong Kong（我們接受你們也是香港的一部分）、和我們一起參與吧！

Ansah說以往多年來，從來都沒有人跟她這樣說過！Ansah一直渴望讓人知道他們都是香港人、都是關心香港的。這些短短的語句、又或是有人為她們送上瓶裝水等簡單的動作，不只讓她的夥伴為此感動落淚，也鼓勵著她們繼續參與雨傘運動！

獲得香港人的認同和接納，Ansah有說不出的興奮！

「異鄉人」在佔領區找到家的感覺

在佔領的過程中，Ansah覺得有Home（家）的感覺！Ansah說，在香港，每個人都很忙碌，不會有空閒的時間輕鬆地坐下來，甚至跟家人聊天的時間也沒有。但反而在佔領區，大家會跟陌生人閒聊、分享物資、食物、互相幫助。這種溫暖、被接納、讓她感受到「家」的感覺，也驅使她每天都撐著疲憊的身軀去佔領區，直至清場的日子。

Ansah主要是留守在金鐘佔領區，偶爾亦會去旺角佔領區。後來因為旺角佔領區的情況變得較為混亂，又有暴力事件，她主要就留在金鐘。她和夥伴每天放學或下班後，大約五、六點總會跑去金鐘佔領區。

Ansah聽得懂廣東話，會參加佔領區的公開講座或研討會，她的夥伴則幫忙翻譯電視新聞和媒體的中文報導，後來她們高興地發現一些團體會同時發放中英文資訊。每天，她們都會一起討論、分享、更新資訊，讓大家都可以掌握到更多運動的新資訊。

她們拿著自己設計和出錢製作的橫額，堅持每天帶著橫額，至少在佔領區裡走一圈，目的是Push Up Energy（提升大家的士氣和動力）。在最初的兩個星期，佔領區內四周都是人群，她們原本

也擔心拉著橫額的隊伍很難穿過擁擠的人群，但群眾卻主動騰出通道讓她們通過、也為她們鼓掌，有時還會一齊叫口號，互相和應：「Hong Kong加油！」這都再次振奮了Anash！

Ansah還會去立法會大樓那邊的物資站幫忙做環保工作，譬如處理紙張、塑膠瓶、鋁罐等垃圾分類，又會將一些剩餘的食物製成有機肥料。她也協助看顧物資站，讓物資站的朋友可以回家稍作休息。

Anash有時會逗留至半夜一點、兩點才回家，休息三數小時又一早上班。她回想起來，確實是很疲倦，然而那時「一定要去」的感覺很強烈。如果她因為忙其他事情而無法到佔領區，便會有Incomplete（不完整）的感覺，好像總是Miss Out Something（缺失了什麼似的）！

印度傳統手繪HENNA，香港演繹

到後來，當佔領區的人群開始減少，大家的力量似乎有些鬆散，氣氛也變得不一樣，她和夥伴想到了一個新的主意去為大家打氣加油，就是HENNA。

她們在金鐘佔領區替大家畫印度手繪。手繪的圖案有「雨傘」、也寫上「香港」等，吸引了很多人來參加。有人問她們何以會來參

1-2 Ansah為支持雨傘運動的市民畫印度手繪。
3-4 深受市民喜愛的傘運Henna Tattoo。
（四張照片均由受訪者提供）

加「佔領」？何來這麼多的精力每天都來？她們一邊畫手繪，一邊與不同的人溝通、分享。

她記得有一個小朋友在她們的帳篷畫了一隻恐龍送給她，說會保護Ansah，不怕受傷，這讓她十分感動。她亦很欣賞很多年輕父母帶小朋友來佔領區，教導子女認識這個運動和這段歷史。

Ansah和夥伴多是一起唸高中的同學，有些人現在都已有子女，透過Facebook、社群傳媒的力量，她們再次重聚，結集，一起參與這次運動。最初聯絡朋友參與時，Ansah對於是否應讓未成年的青少年參加也有疑慮，後來，她邀請那些未成年的朋友帶家長一起出席，讓他們了解更多。一兩次之後，父母開始放心讓子女自行參與她們的行列。但發展至後期，很多反佔中人士和警察使用暴力對付示威者，她明白為人父母者會擔心，所以她都會勸未成年的朋友留在家中，又或者是由父母陪著一起來。

至於Ansah自己的父母也擔心，常常問Ansah為何要去參加、為甚麼要走得這麼前。Ansah父親的朋友有許多警察，常常聽到雨傘運動的不同版本；Ansah會嘗試解釋，尋求父母的理解。對於Ansah的持續參與，她的父母也拿她沒法子。

種族歧視的暴力

　　雨傘運動中的警察暴力，不單針對佔領者和女性，也衝著少數族裔而來。Ansah提到有位警察用言語暴力喝斥一位印巴裔示威者，叫她滾回印度[1]。Ansah很憤怒，她認為警察的責任是保障香港市民安全，而香港市民亦包括少數族裔人士，身為公務員的警察應該很清楚。

　　她說，香港的歷史和繁榮是由不同國籍、不同種族的人士共同建立的，以往不少軍人、警察、警司、喎喀兵（編案：Gurkha，英國軍隊中由尼泊爾Gurkha人組成的部隊，為英國及女王服務）、ICAC（編案：香港廉政公署）的官員等等都是來自不同國籍，他們都為香港作出貢獻。正如她的太爺就是喎喀兵，當年英國在東南亞招募士兵，那時巴基斯坦及印度還是同一個國家，由於太爺家鄉缺乏謀生機會，希望改善生活，所以加入軍隊。太爺在香港結婚，爺爺在香港出生，也當上警察。那時候，正是第二次世界大戰，爺爺不能回家鄉，所以在香港生活、結婚生子。退休後，爺爺與嬤嬤才返回家鄉巴基斯坦生活。Ansah的爸爸也是在香港出生，後來在巴基斯坦結婚。他曾在香港警隊工作了一段短時間，因為太辛苦而退出。

　　Ansah認為有些香港人會是因為她們的種族、外表而不接受她

們是香港人。她會問對方：「你來香港多久了？」對方可能只是第二代，她就會告訴他們：「噢，你才第二代！我已經是第四代香港人了。」

其實Ansah是希望大家都去思考「誰是香港人？」這個問題。香港社會基本上很少原居民，前幾代多是移民。Ansah認為如果香港沒有這種「多元、包融」的精神，便無法稱得上是「國際都會」。

日常生活的分隔與障礙

提到其他生活處境，Ansah表示當然不是每日都有被排斥、被歧視的經驗。

但Ansah認為假如政府是接納她們的，政府可以透過不同層面的政策表示關注、接納，但她似乎看不到有這些政策！Ansah對香港教育制度感受最深，她評論教育局因為不了解和種族偏見，認定少數族裔的父母不太注重子女的教育，也沒有為非華裔的學生訂定一套學習中文的政策及安排。

以她自己為例，她和其他少數族裔學生被指定要學習法文作為第二種語言，而不是中文。Ansah聽得懂、也懂得說廣東話是因為自己勤於練習以及有朋友跟她說廣東話，可惜Ansah由小學至中

學，中文科測驗、考試都不合格。她報讀大學時才發現，中文科成績必須合格，否則她只能以國際學生身分申請入讀大學。要繳交國際學生的學費是一回事，讓Ansah不滿意的是，自己是土生土長的香港人，卻只因未能在中文科考試合格，就要用國際學生的身分申請入讀，那是非常荒謬的事情！

有賴中學認識的學校社工協助，Ansah和另外兩位同學可以成功入讀明愛專上學院的社會工作高級文憑兼讀課程，讓她能夠一邊讀書，一邊繼續在社會福利機構工作。

2003年，她在為少數族裔服務的機構出任社工文職助理，一直據理力爭對抗著這些不公平。香港教育局推出照顧非華語學生的「中國語文課程作為第二語言學習架構」，就是融樂會和少數族裔多年努力爭取的成果。

Ansah決心成為為少數族裔社群服務的社工一直沒有改變，她希望能夠改善下一代的成長環境。她組織少數族裔家長，了解及爭取其子女的學習權利，她希望能透過不同的行動，讓政府正視少數族裔的聲音。Ansah發現很多學校處理少數族裔學生時，會把他們與其他學生分隔，例如校方規定少數族裔學生只可以讀下午班，原因是「容易管理」。甚至有些學校更把華裔與非華裔學生，安排至不同樓層上課，學生不可以跨越樓層。學校解釋是因為華人家長不

接受、不喜歡他的小朋友與少數族裔的小朋友一起上學，明顯這是歧視，令她很傷心。教育局官員雖然聲稱教育制度是「共融」，但對他們多番投訴又置之不理。Ansah有信心可以透過家長組織，讓少數族裔得到更全面的資訊，由家長自行商議討論、決定是否站出來以及如何爭取權益。

此外，Ansah亦從這些家長當中，了解許多少數族裔在住屋、就業、適應的處境和問題。Ansah很驚訝，自己的父母從來沒有讓她知道這些情況，這讓她更明白父母的困難。

Ansah強調其實現在很多少數族裔都是在香港出生的，他們都希望可以長居於香港。他們熟悉香港，更甚於世界上其他地方或國家，他們了解香港的文化、食物、歷史、香港不同的地區特色等等。Ansah說，回鄉探親時，差點迷路，而且在家鄉某些地方，女性是不可以晚上外出的，她很高興父母讓她讀書，讓她做她喜歡做的事。在佔領運動開始時段，她也曾瞞著父母參與，但後來他們還是很尊重她的決定。

是完結，還是中場休息？

Ansah感到很自豪能夠成為雨傘運動的一份子！Ansah說自己

以往讀書時只會專注於課堂相關的題目，參加雨傘運動之後，她會關注更多的課題，例如政制改革。Ansah認為特別要在她們少數族裔社群中傳遞雨傘運動的信念，讓大家可以知道更多關於何謂民主選舉的理念。最近程的目標，要有一個真正的民主制度，可以選出一些能代表自己的議員，和香港人可以選自己的特首。

Ansah亦表示透過自己的親身參與，更了解香港。她很高興的說在今年（編案：2015年）的六四集會遇到很多人跟她打招呼，談及在金鐘手繪的事情。Ansah深深感受到香港人對少數族裔的接納，當她們是香港的一份子。Ansah希望讓香港人知道，大家的命運是有關聯的、是緊緊扣在一起的！

Ansah很樂觀的說，雖然佔中運動好像被打壓下來，但種子已經埋入心中，大家已被今次運動喚醒。她認為即使大家都回到日常的工作或家庭崗位，但來自不同行業的朋友，都會繼續討論香港需要Change「改變」。正如她和朋友仍然繼續透過「WE ARE HK」的群組聯繫，分享著運動的相關資訊、對政制的種種意見和觀點，她相信這是不會停止的。

整個分享的過程中，Ansah給我們的印象是很正面、樂觀和勇敢，她最常說的是「Amazing（神奇）！」今天，她仍努力維繫著

因佔領運動而建立的網絡及朋友，堅實的告訴我們「這個故事未完，只因有你共我……」。

本章註

1　2014年11月27日，蘋果日報

【佔領旺角】警疑叫印巴裔女生返印度　融樂會：不應種族歧視

旺角凌晨5時的衝突中，印巴裔女生Jessie不滿警察的粗暴行動與在場的便衣警理論，Jessie投訴期間有便衣男警高聲叫「返印度啦！」融樂會總幹事張鳳美表示，若事件屬實，感到遺憾和失望，「對當事人嚟講喺一種好侮辱嘅態度，好唔尊重」。

張鳳美批評前線警員缺文化敏感度，執勤時不應帶有種族歧視，即使少數族裔也可以是土生土長的香港人，「睇到對方膚色同樣，已經否定咗佢喺香港人，呢個喺種族歧視」。她指近年收到很多涉及警察對少數族裔濫權的投訴，促修改《種族歧視條例》，將政府部門納入規管。

Transgression

4

忘不了的928：
Lesbian愛的紀念

訪問及撰寫｜Kit Ling & 雨豆

928催淚彈之夜，是Jo. Kie & Carol的結婚週年。

「革命是為了更美好的愛情」[1]，

也包括Jo. Kie & Carol的愛情嗎？

928「去飲」吧！

在Dirty Press的一個「後雨傘」運動的討論會，偶遇了Jo. Kie
和Carol。

在討論會的Q&A環節，Jo. Kie第一句便開宗明義說她是一個
女同志，並訴說她初期參與雨傘運動時的擔心和憂慮。因為不知道
大家會怎樣看她的性傾向，會否認為同志便不應參與這場運動。及
後「文化監暴」成立，她才了解有兩位同志藝人——黃耀明和何韻
詩，還有身為同志的立法會議員也參與其中。

Jo. Kie曾在網絡上看到一些對同志帶有語言暴力的說話。身為
一個女同志，她會對這些字眼非常敏感。例如看到：「你回去磨豆
腐啦」，她會很憤怒，不明白何以有人會用這些不文明的說話詆毀
同志。Jo. Kie認為這些人其實在性別方面的知識不足夠，不理解同
性戀。她不接受這些人基於同志的性傾向而判斷她們不適合參與政
治。她反駁說：「我和Carol這些同志是真心關心政治的，不可以剝
奪我們的參與權。」她認為如果社會大眾只理解同性戀為變態的、
不會也沒有資格去關心社會，她會感到很不開心。

縱然如此，Jo. Kie和Carol還是突破重重障礙，積極投身在這
個運動之中。

928是催淚彈之夜，但對於她們來說，928更有另一個意義：這是她們的結婚週年記念日。2013年「去飲」（案：參加別人的結婚宴會），在朋友祝福下親吻；2014年也是「去飲」，在催淚彈下牽手。

催淚彈之下

　　Jo. Kie和Carol一早計劃於9月28日慶祝結婚週年，亦打算參與10月1日的佔中行動，已跟幾個朋友組成Whatsapp Group，相約「去飲」。怎樣也估計不到9月27日晚上，形勢急轉直下，手機不斷在響。28日凌晨，「佔中」開始。

　　她們立即看電視報導，看見「黃伯」拿著電話在哭，Jo. Kie再忍不住淚水：「不成啦！我不出去，我對不住自己！」然後她對Carol說：「你不要出去！我被捕的話，你要來保釋我！」

　　面對未知吉凶的前路，Jo. Kie和Carol哭成淚人，一直在問：「為甚麼香港會變成這樣？」最後，兩人決定甚麼都不管，兩個一齊出去，一同面對。

　　買了物資（眼罩、保鮮紙、洗髮乳等等），Jo. Kie和Carol由灣仔走向金鐘，一直走到紅十字會大樓附近，見到很多參加者都是到處張望，好些只是穿著背心短褲，想前來聲援一下，沒有預計

會面對甚麼。突然，遠方有一度煙，聽大家說是催淚彈，慌張了一會，又趨平靜。哪知道一轉身，一隊手持長槍、戴上頭盔及防毒面具的防暴警察已走向他們。轉瞬之間，防暴警察舉起橙旗警告，Jo. Kie一手拉著Carol準備離開，卻發現身後竟有一排警車，攔在路上，已經無路可退！

大家都呆住了，一直問：「我們做了甚麼？需要這麼大陣仗嗎？」

警民對峙了一會，警察繼續前進，催淚彈繼續放，大家到處走避，Jo. Kie和Carol最後逃到香港演藝學院休息。「回憶起當時，幾百人於不同樓層席地而坐，」Jo. Kie說：「大家都很有秩序，只是坐在地上，看著手機。身旁的都是『小朋友』（案：年輕學生），個個只帶著眼罩、穿著雨衣，沒有任何攻擊性武器；為甚麼政權要用催淚彈，對準這群手無寸鐵的『小朋友』？」

當時Whatsapp群裡的訊息非常混亂，有說會開槍，有說留在香港演藝學院內很危險。Carol跟朋友商量過後，覺得自己還是「淆底獸」（案：膽怯怕事的人），沒有面對的心理準備，主張先走。起初Jo. Kie曾猶疑不決，但她想起自己不再是一個人，要考慮家庭。她說看到Carol「怒啤」（案：怒目瞪視）她，「好啦！走就走啦！」

雖然身心疲累，但Jo. Kie和Carol回到家根本無法休息，不斷看手機及電視，收到消息說演藝要清場，又傳聞會開槍，她們更擔

心還在街上的親人和朋友。Jo. Kie說在香港生活了這麼多年，沒有想像過香港會發生這些事。她認為：「其實香港人好膽小，能做得出什麼呢」。然而，政府這樣對待香港人，真的教她很難受！

Jo. Kie始終很想到佔領區跟「小朋友」在一起，但Carol有另一看法，她認為應該保留體力，準備持久戰。兩人就此不斷拉扯。直至10月3日發生藍絲非禮女示威者事件，Jo. Kie氣得快要爆炸，一直喊著要到佔領區去。但Carol擔心Jo. Kie會因衝動而傷害到自己或其他人，所以沒有讓Jo. Kie出去，反而拉著她去球場跟朋友打球。Carol相信抽離一下，才可以客觀分析，想清楚整件事。不過到了球場，Jo. Kie還是坐在一邊鼓著腮生悶氣。後來Carol不小心扭到腳踝，隊友急忙圍上來幫忙，責難Jo. Kie：「你個死仔包，你老婆有事，你還在想佔中的事，你先照顧她先啦！」那一刻，對Jo. Kie不啻當頭棒喝。

兩人回到家開始重整情緒，思考下一步的計劃，後來聚集一堆戰友，互相照應，互相商量，於是經常在佔領區見面、過夜。當然，她們的積極參與，也會換來一些朋友的擔心與不理解，甚至是怪責。這也讓她們心裡不太舒服。

有朋友挑戰她，從手機傳來訊息：「不要搞那麼多事」、「難道你要給人家非禮呀？」。她不為所動，堅決回覆：「如果你尊重

我、尊重大家的友情，你就不要用這些說話來挑戰我。這個時刻，我覺得我們無法去談這個問題，將來有時間、有空間，我們再坐下來好好談。」至於一些很偏激的訊息，她會斬釘截鐵的請他們不要再傳來，並告訴他們：「你疼我的話，就不要出聲。」

為了這個佔領行動，Jo. Kie甚至與最要好的朋友冷戰，但她沒有直接Unfriend，而是希望在往後討論的過程中，互相了解、互相體諒。她鼓起勇氣約朋友吃飯，雖然當日預先說好不涉及政治議題，不過到後來，Jo. Kie仍按捺不住地向朋友解釋，她為何會對這件事這樣緊張。她分享所見所聞，解釋為何支持這次運動。

最終朋友竟然接受她的邀請，一起去銅鑼灣佔領區。Jo. Kie覺得：「朋友不罵我，我都要說多謝了，何況他還與我一起去佔領區，我真是非常感動！」

Jo. Kie體會到慢慢跟朋友溝通，嘗試解釋政治跟我們日常生活的關係，大家是可以有所改變的。

「革命，是為了更好的愛情」

「革命，是為了更好的愛情！」在雨傘運動中見證著無數（異性）戀人，在催淚彈下牽手，在胡椒噴霧下親吻，在佔領區裡舉行

婚禮[2]。但大眾眼中的「愛情」，也包括Jo. Kie和Carol嗎？

Jo. Kie不無感慨的說：「從前同性戀被認為是病態。出櫃前，與朋友還相處得好好的，出櫃後他們會『打個突』（案：錯愕之意）。」她的爸爸也曾不明白，不接受。「那是因為我們父母成長的年代，同性戀是社會禁忌、彌天大罪。同性戀者會被捉去『浸豬籠』的！」Jo. Kie嘗試理解上一代也有他們的局限。她續說：「近十年八年，才開始少用歧視性的稱呼，例如『死基婆』來罵我們！幸好爸爸也願意去了解，他曾問我：『同性戀是怎樣的？』」

最後，Jo. Kie的爸爸也接受了她們。

Jo. Kie說：「同志都可以關心社會，性小眾不是如外界所想的變態，是因為社會大眾的不理解，才形成性小眾宛如隱形。」她續說：「我少時已常被人歧視，也曾目睹伴侶出櫃後受到歧視。」

作為同性戀者，Jo. Kie和Carol親身去金鐘參與，第一次嘗試放開心扉，放膽問一起留守的人有沒有需要幫忙的事情。她感覺蠻好的。但她們也會有不開心的時候，例如見到有人抨擊同志「你太多事」，又或不開明地討論問題。但總的來說，參與佔中的經驗是正面的。

Jo. Kie重申：「今次佔中，我們的目標是抗爭。抗爭是為了基本生活，不爭取就不能改變。沒基本生活就沒有愛情。抗爭中不能

隔岸觀火……社會在公平公義制度下，才會有同志平權。」

「現在社會已經進步一點了。」Jo. Kie說：「本身我們是隱形的，今次藉著這場運動，可以讓人覺得我們是正常人啦，有少少改變就好了。」

我們看到了一對曾經遭受社會歧視的小戀人，在社會的大是大非之下，戰勝自己，抱著擔憂，也抱著原是一點也不為過的被接受為「正常」的盼望，和大家一起參與了抗爭。她們觀念清晰的把同志平權和佔中民主運動扣連起來！我們在她們身上，反而看到了她們對我們的包容！

訪談時，看著Jo. Kie和Carol一唱一和，又互相打鬧，見到Jo. Kie鼓著腮嘆道：「她不准我落去佔領區呀！好衰呀！」又看到Carol擔心Jo. Kie會太衝動的表情，當中的恩愛溢於言表，兩人之間的愛感動著我們！

下一步！Next Step

三個佔領區相繼被清場，雨傘運動暫時完結了，大家都會在問：「下一步呢？」

Jo. Kie說，「現在，你在這個社會生活，很多事你都沒有話語

權的！制度裡面的人都只為政府護航，而不是為人民發聲。作為普通市民，在制度裡面，你有沒有辦法令他們覺得需要向市民大眾交代呢？」

Jo. Kie和Carol憶述：「因為參加了一個傘後電影放映會『Everyday Rebellion』，放映後與來自不同背景、不同界別的參加者席地而坐，討論如何將抗爭帶回日常生活之中，印象深刻。」這激發了她們思考要用一種更軟性的，有別於街站、洗樓等方式去宣傳「真普選」。她們不期望在相遇的30秒中改變別人的想法，而願意慢慢的、一點一滴的訊息傳遞開，把政治訴求與民生議題結合。

Jo. Kie和Carol在運動中看到不同世代間的撕裂，感覺比較年長的市民單一的接收電視和報紙的宣傳，認為年輕人「搞亂社會」。運動亦未能將我們的政治訴求與日常生活有所聯繫。她們認為需要用大眾聽得懂的話語，去解釋為何我們要爭取真普選，提出政治訴求，跟我們生活中的每個細節都息息相關。

她們希望向較為年長、教育程度較低、無法上網而單靠大眾媒體的普通市民解釋。回歸到起點，她們採用郵寄、手寫的信件，以簡短易明的說話向市民解釋諸如全民退休保障計劃此類與攸關民生的議題等等。親手寫下一封封的信件，彷彿是「傻豬豬」的行為，她們就是希望用心感動人。

「就算市民打開信件，看了三行就撕掉也好。我相信總會有人看完一封信，那人就會有種記憶。」Carol說：「我們一眾朋友好努力、定時向市民寄出信件，希望會帶來轉變。」

除此之外，她們也從改變各自各的日常生活中出發，不到大集團開設的快餐店，如「大家樂」、「大快活」，而是轉向支持小商戶開的茶餐廳；不去「百佳」、「惠康」等連鎖式超市，轉到雜貨舖購物。這些都是一種抗爭，一種融於生活中的抗爭。

Jo. Kie和Carol這對戀人，以前只討論新聞，不深入參與政治，只參與七一遊行及同志遊行，但從未深入討論，亦很少問自己可以如何參與、如何改變。經歷過雨傘運動的洗禮，學到了「自發」，看到身邊的人自發去做一些他們覺得應該做的事，例如參加電影放映會、協助籌集物資等等。在過程中，她們亦嘗試走出新的一步，自發地與身邊的其他人分享自己的想法。

聽著她們的分享，說到感動處、或哽咽、或熱淚盈眶，我們好像重新走過雨傘運動，跟無數的香港人一樣，Jo. Kie和Carol面對無數情緒糾結，包括跟朋友、家人、愛人的關係；即便在運動中爆發出憤怒、無力，但也生出了堅持！雨傘過後，她們一起思考後佔領的工作，把抗爭活於日常細節之中！

莫失莫忘！

▌ 勿忘初衷，最重要是要有「HOPE」。
（照片由受訪者提供）

本章註

[1]   **革命是為了更美好的愛情**

2014年9月23日懸掛於香港中文大學人文館的布條：

> 革命是為了更美好的愛情。
> 反抗就是為了解放愛情，讓它不再需要承載鴉片的意思。
> 美好的愛情在彼岸，同志共勉。

詳情：社運裡的人類學家Anthropologists in Social Movements，
Facebook，2014年9月24日

[2]   《明周文化》系列：「抗爭是為了更美好的愛情」2019.12.12，https://
www.mpweekly.com/culture/topic/%E6%8A%97%E7%88%AD%E
6%98%AF%E7%82%BA%E4%BA%86%E6%9B%B4%E7%BE%8E%E5%A
5%BD%E7%9A%84%E6%84%9B%E6%83%85

跨性・身體・抗爭

訪問｜Kit Ling及雨豆
撰寫｜Kit Ling

　　與很多積極參與運動的人一樣，對阿Wing來說，928警察發射催淚彈的畫面，震撼力很大。警察的暴力與無理，令她聯想到跨性別者一直以來被壓迫的情況、被無視的感受。被壓迫者的感同身受，讓她覺得需要走出來「幫學生」。後來，她覺得那不單單是幫學生，要改變自身面對的壓迫，每個人都要付出，起來行動，不可以只靠其他人幫自己爭取。

　　這是阿Wing的領悟。

1-2　10月18日凌晨在旺角的警民對峙

見證暴力鎮壓、感同身受

這個運動在計劃之外的情況下吸引了許多人參與,包括阿Wing,但她從來沒想過自己要用身體去抗爭。她本來希望透過和平靜坐,要政府、要整個社會傾聽他們的聲音。完全沒有想過她的身體卻發揮了最大的力量,她們用身體去固守馬路,要忍受別人的騷擾,甚至肢體撞擊。例如有一天,黑社會來旺角「清場」,她發現自己去擋,不是單單用手,而是用整個人、整個身體去擋!對比之前只需要喊口號的經驗,截然不同!這次她和她的夥伴「要站在鐵馬前面,要整個人在,留守的位置才不會被清走」。

意想不到的佔領銅鑼灣

「927,我已經在金鐘,在尚未有催淚彈之前。當時我在公民廣場外面。」施放催淚彈後,阿Wing才轉到銅鑼灣、再到旺角。她說,「我從Day 1開始已經在銅鑼灣。」此語一出,席上的氣氛立刻熱了起來。我們熱切地追問:到底銅鑼灣是怎樣「佔出來的」?

阿Wing氣定神閒地解釋,其實她沒有見到「銅鑼灣佔出來的那一刻」。不過她知道人群是由金鐘被趕落去的。928當晚十一點

多，阿Wing在金鐘同大夥兒一起，當時大部分人都覺得警察會繼續驅趕人群，不單氣氛緊張，消息亦相當混亂。她感到當時只要小小的風吹草動，大家都會緊張起來。她和身旁的人都反覆研究警察會從哪一邊過來，大家又能從哪一邊撤退。回看當時，阿Wing認為大家商討的時候，分析都是冷靜的，沒有自亂陣腳。接著她輕鬆笑談當時有人建議退去維園（案：即維多利亞公園，是很多香港大型公眾集會舉行之地），最終被否決。原因是大家認為走入維園會變成「困獸鬥」，無路可退。在反覆思量下，最終才落腳於銅鑼灣。

雖然初期警察「沒有搞銅鑼灣」，但根據守在鐵馬前的阿Wing說，第一天那種緊張和對峙的氣氛非常深刻，她形容「好似開戰」。

比較三個佔領區，阿Wing認為銅鑼灣人少，彷彿像一條村。對於金鐘，她第一句就說：「嘉年華化」，她認為金鐘所做的對運動和抗爭的用處不大，「到這個時刻再談甚麼深耕細作，沒有意思，沒有作用，也不能影響老一輩。」她說身邊的朋友全部是21-22歲的年輕人，沒有年長的老一輩。至於其後她長期留守的旺角，她認為雖然那裡品流複雜，不過大家都有一個很清晰的共識：「不要這麼快被警察清場」。

性／別身分與行動定位

打從留守旺角開始，阿Wing就設定了「不需要被捕」這個大前提。她負責後勤工作：守住物資站，配合當時留守者的需要而運作。佔領期間，阿Wing每天放工就返去佔領區，有時會先回家洗澡或者取衣物。她總是擔心自己走了便不能支持到抗爭者。她沒有跟其他人一起「衝」。她憶述：「前面惠豐中心路口的衝突真是很激烈！不是示威者打人，而是示威者被打……其實旺角好大，一邊發生的，另一邊未必知。我大多數在鐵馬附近，其他地方發生的事不會知道，所以留守不同位置的人，經驗也會不同。」她當時經常被人罵，例如「廢青」、「漢奸」，還有其他粗口。對此，她看得很淡然，要靠自己應變，只要人身安全不受威脅就行，她不理會這些攻擊，除非有人來拆帳篷物資，那就要一起「噓」走他們。（案：以喝倒采之聲嚇退他人的意思。）

十月初，旺角最危險，有些立場明顯不同的人開始聚集。有一次阿Wing不小心走進「反佔領」陣地，她沒有戴上黃絲帶，所以沒有被察覺。但她看到一個戴著黃絲帶的青年人，一直被眾人圍著指罵。阿Wing原本想過去幫忙，但又不敢，因為她憂慮的是自己被捕後的遭遇。

「我害怕警察拘捕我時，會對我怎樣。以我的身分，如果被捕，會比較麻煩。」阿Wing說她已有心理準備會被侮辱，但她認為最變態的是，警察會用她身分證所登記的身分來處理，倒如搜身會用男警，會被安排和男性一起拘留。這是她所不能接受的。她從一位做警察的朋友口中得知這是他們的內部守則。阿Wing續說：「如果沒有這個考慮，我可能會行得更前。」

阿Wing有一班跨性別的朋友，常常透過手機保持聯繫。有時在星期六早上，在佔領區，都會遇到她們，並打個招呼；大部分人都不屬於某一個團體，而多是自發到場。不過據阿Wing了解，留守的其實並不多。她們的組群會傳遞佔領區的訊息，例如哪兒危險、呼籲大家自己要小心。

在佔領區，阿Wing沒有遇到攻擊她性別身分的行為。但雙性人阿琪[1]，以及也是跨性別的美美，所遇到的攻擊就不單來自於「藍絲」，也來自於佔領者，像是在背後被譏笑為「人妖」，「不男不女」等。相較之下，阿Wing覺得自己走運，這可能是因為其他人未必能單憑她的外表，看出她是跨性別者。在佔領區，她覺得不需要爭吵，並以「無奈」形容自己的心態，有時她也覺得自己習慣了別人奇異的眼光。但在日常生活中，例如找工作，她會據理力爭自己的權益。

身體抗爭在日常

　　阿Wing是一位男跨女的跨性別者，六年前開始服用荷爾蒙，暫時仍未做變性手術。由於身分證上登記的仍是男性，她感到所有日常生活的環節都受到壓迫，就算細微到去銀行辦手續都會受到刁難。她試過致電處理一些信用卡的問題，（但因為聲線不像男性）被對方質疑她不是本人，要她親自拿身分證到銀行核對，核對完才可以繼續用電話處理。她覺得很荒謬。不過她說已經習慣，不覺得那些是欺凌，只覺得麻煩。

　　但是最要命的是找工作。阿Wing不想欺騙別人，會以女裝打扮赴面試。她認為僱主能接受就聘請她，如果不能接受就作罷。阿Wing寄申請信時，會選擇不填寫性別這一欄，但面試時要影印身分證，人事部的職員就會發現，他們會說一些有禮貌但又尖酸刻薄的話，例如：「以你如斯這般的衣著，怎樣能返工呢吓!?」也會好奇八卦的問她其他生活上的細節問題，例如有沒有找醫生。這幾年，面試超過白份工，起初她會擔心別人怎樣看她而緊張，不過後來都習慣了。她明白就算幾個應徵者能力差不多，最後也會因為她是跨性別者而失去機會。對她們來說，最基本的人權和工作權利都被剝奪。

真普選與性別平權

　　我看她義無反顧地投入運動，我就問她：「就算爭取到普選，性小眾的權利也未必會得到保障，為何你會認為爭取真普選如此重要呢？」

　　阿Wing：「我覺得性小眾的工作權利被剝奪和歧視，和政府在剝奪香港人的普選權利是同一道理，很相似。」阿Wing認為若有民主真普選，就會有制衡，政府「沒有那麼輕易做壞事，也不可以做得太差」。其實她也不知道能否爭取得到，但她認為「做了、盡了力，對得住自己」。

　　阿Wing說：「在佔領區，無分你我，也不會有甚麼性別差異。」她認為「大是大非」當前，性別並不重要。她觀察平日社會運動也是較少女性參與，今次卻見到很多女性參與。旺角留守時，她見到為數不少的女性徹夜留守，阿Wing覺得很神奇，也覺得女性很厲害。阿Wing一直認為「女仔都會回家睡覺，絕對不會這樣跟你玩」。但經過這次經驗，反映出原來直面大是大非，大家不再理會自己是男或女、或者是跨性別，她發現原來大家能夠拋開性別固有的框框。她很開心見到女仔睡醒後，頭髮蓬鬆的由帳幕走出來，相比平時女性大多很注重儀容，這些場面使她覺得相當「搞笑」。

阿Wing見到大家良善的一面，覺得好開心。這些體會蓋過了其他被罵、挨打等不快的事。

阿Wing認為最珍貴的是：運動讓她見到仍然有一班有良知、會守望相助的香港人。以前她認為大家各掃門前雪，我是我，你是你。她在佔領區卻見到不同物資站如何共享物資。很多人送食物來，一大批一大批地送來，還會叫她加油。當中有OL、師奶（案：太太的俗稱）和阿伯。遇到他們送錢，她會拒收。她印象最深的是有位二十多歲的OL，從10月中直到旺角清場，天天弄不同的食物來，「日日不同，好有heart，好窩心。」阿Wing說，會記著他們。

總的來說，阿Wing認為：「運動未完，就算金鐘清了場，也清不到人心。」不過，她說自己有時也會很悲觀。「當時大家認為香港很快便通過23條，大陸政權會想：『佔領都能搞定，到時清算你就更容易』。」

她認為要思考其他讓運動延續的方法，但是暫時仍未有頭緒。

要參與，透過行動爭取・Practice make perfect

「至於性別平權，就要自己爭取，不可要求他人替你爭取，不可靠代理人，因為他們為了選票會出賣你。」阿Wing認為沒有真正

的普選，平權也很難做到。她說在內地爭取平權相當辛苦，沒有平台，也不被重視。她見過北京的同志想舉行一個派對，都被「拉人夾封艇」，連一句「平權」也說不得。所以她們現在都會參加性別平權諮詢會，至少自己發聲，避免讓他人代表自己是很重要的。相較以前，阿Wing更為積極了。

現時，阿Wing的老闆接受她，她覺得很舒服，她很努力地展示自己的工作能力，希望別人明白工作能力和性別無關。現時女同

本章註

1　《蘋果日報》，2014年11月22日，記者張嘉雯報導：
月初在旺角十字路口被警察扑爆頭的阿琪，頭上傷口已復原，腳部仍有瘀傷，但整體無大礙，他指當時警方誣陷他丟頭盔，正與律師商討向警方追究責任。一直被指易服的阿琪是雙性人，正排期切除陽具，最希望佔旺者不要誤會他，亦希望真普選來臨，任何性別都有平等選舉權。阿琪表示，當晚坐在砵蘭街路障附近，被警方指丟頭盔，「扯我出嚟打，打咗五至八分鐘，個頭打咗一下，又踢咗我10幾20腳，將我成個撻落枱、拖行、成個人撞埋牆紙舖度鐵閘，然後叫我走」。翌日其父發現他後頸瘀腫，到醫院求診，現已康復。
留守只是出一分力
阿琪今年23歲，是大專生，為普選罷課兩個多月，留守旺角保護同路人。他經常以女性打扮示人，不少旺角人背後對他議論紛紛，阿琪自言是雙性人，從小家人及自己均以為他是男生。「成日肚痛，一次就話食錯嘢，兩次又係食錯嘢，無理由第五次都係食錯嘢㗎，咪去睇醫生」。

盟有個平台，提供對不同性向友善的僱主資料，她認為相當實用，也是十分需要的。阿Wing說未來十年會做轉性手術，會爭取性別承認立法。有些國家（例如英國）已有這方面的保障，我追問她：「那你會不會移民？」

「我不會移民。」阿Wing用堅定的語氣說：「我會守護自己的地方，我希望跨性別的後來者能活得好一點。」

結果發現他除了陽具，尚有女性生殖器，不久更來經，之前的腹痛原來是經痛。阿琪自言從小均自覺是女生，「小便會坐喺度，從來唔會企喺度，好討厭嗰個器官（陽具），見到好反胃，平時好少見我著男仔衫，覺得好唔舒服，係見阿婆佢唔鍾意，我先著番男仔衫」。戀愛對象，他首選女生，「無論我係乜性別，我都係鍾意女仔多過男仔，雖然都有同過男仔拍拖，但同女仔一齊，可扮靚買衫行街，去洗手間隔住塊板仲可以傾偈」。他拍拖次數近 10 次，每次向伴侶透露雙性人身分，就馬上被甩，「個個我都係真心鍾意，但冇一個係真心鍾意我，有時好後悔講出真相，但又唔想呃佢，覺得好對佢唔住」。他正排期服用抗雄激素及切除陽具手術，「盡可能快啲消失就好喇」。阿琪自言並不勇武，留守只是出自己一分力，不會衝擊，清場也不會反抗，抗爭至今，最介懷被誤以為易服或背後被笑為「人妖」，「啲人話我不男不女，其實我只係基因出錯」。他認為普選精神，人人平等，「個個人都有權選同被選，唔會分佢係乜人，唔理佢男又好，女又好，跨性別又好，一樣有權利。」

「捍衛Lester Alex佔領巫山 HEHE團」團長

訪問｜Kit Ling及雨豆
撰寫｜雨豆

　　這場社會運動除了打破我們固有的運動規律，擴闊了我們的想像，更將HEHE文化引入了我們的言語文化之中。

　　作為Alexter的粉絲，小編感到萬分榮幸，有幸觀見擁有近四萬個LIKE，受萬千粉絲歡迎，「捍衛Lester Alex佔領巫山HEHE團」的團長。

　　二十出頭的少女，因為神秘原因，我們還是要隱藏她的身分。

　　還是一句：

　　「團長，你好！」

起源

自身投入雨傘運動中，跟各位一樣面對催淚彈的洗禮，前十日跟著大家一起堅守金鐘旺角的團長，看到Alex和Lester深情對望之後，覺得特別相襯，萌生起好玩好笑的念頭。

既然臺灣太陽花學運創造了近一萬六千個LIKE的「捍衛為廷飛帆戀情開花結果粉絲團」，為甚麼香港沒有？結果就開了一個專頁，沒想到就帶來如此的轟動和效果。

「其實這個專頁的名字參考了『捍衛為廷飛帆戀情開花結果團』，我原本打算寫『佔領中環』或者『佔領金鐘』，但又好似太正經，不夠好玩，所以用『佔領巫山』。至於Hehe，我本身是高登常客，Hehe在高登，代表Gay，Hehe一詞不算很多人認識，只有在高登上才會拿出來玩笑，Hehe好似歡樂，而Gay有點負面，Hehe聽起來正面、開心、好玩。」

連名字都那麼隨機，充滿歡樂。原來連Alexter這個名字也非團長所創，而是港台交流的結晶品。

「Alexter這個名不是我創作出來的，是我看到臺灣的專頁用Alexter形容他倆，便即刻取了這個名。你見最初名字還不是Alexter而是Alex lester，專頁開了才出現Alexter，覺得把他們兩個名合併

起來又幾適合。」

　　本來團長只想簡單分享Alex、Lester比較親密、有想像空間的相片，更邀請大家把私藏「供諸同好」，從開始時只有數百個LIKE，但《明報》即時新聞一報導，Like數量直線上升，同時亦引發出無數的創作和靈感。

　　「我一開始估計只有相，或者有改圖，但我沒預料會畫那麼多漫畫，創作那麼多故事小說，越來越多創作。」

　　小編瀏覽HEHE團的專頁，發現無數團友分享Alex、Lester的真實相片（帥帥！）、改圖、創作的BL（Boy's love）小說（有短篇亦有章回）、漫畫、影片MV，以及不少有關雨傘運動的資訊新聞，每一篇文章約得到200至1000個Like，可見粉絲的熱烈程度。

　　團長當初沒想到有如此反應，無數Inbox留言轟炸，數量高達每天數十個，大多都是熱心團友的創作，令團長應接不暇。

　　Alexter以及HEHE這兩個詞，伴隨著Alex Lester成為萬千少男少女中老年男女心中的男神，引起討論與關注。

關閉專頁的爭論

　　HEHE團迅速帶來關注和點擊，同時亦帶來擔憂和意見分歧。

團長收到不少團友私訊，要求關掉這個臉書專頁，擔心影響Alex和Lester，覺得公開談論BL（Boys' Love）是不恰當的，亦擔心社會對同志還未友善，甚至有人還會恐同反同，怕會為這場運動帶來不良影響，更有人擔心明光社（編案：一個香港基督教團體）會以此為藉口進行攻擊。同時，也有人鼓勵團長繼續努力，因為這專頁帶給團友很多歡樂，在沉重的雨傘運動中，給人一點喘息的空間。

　　因此，當團長在專頁上詢問團友對專頁去留的意見時，收到不少正面的回應。畢竟那不是「錯誤」的事情，團長更透過不同途徑接觸了兩位當事人，他們並沒有要求專頁關閉，讓團長放下了心頭大石。

　　團長在專頁發公開聲明，澄清專頁與Lester、Alex以及學聯的關係。「如果Lester和Alex直言不想這個專頁存在，我會中止。」

　　此外，團長希望各團友粉絲尊重「男神」的隱私，避免過分纏繞，或做出令兩位領袖難堪尷尬的事情，HEHE團長也會發文制止，希望各團友自律，並互相提點。

　　「曾有團友報告，同志遊行中有女仔，將自己設計R18的裸露圖片給Alex和 Lester拿著合照，更要求自己跟Alex和Lester挨近合照，明顯讓他倆感到尷尬和困擾。

　　團長譴責這種行為。呼籲大家自律的話已經說過很多次，希

望大家不要再這樣做。請大家自重。見到有人這樣做,請制止,多謝。」(捍衛Alex Lester佔領巫山HEHE團團長Post,2014-11-08)

同時,團長亦理解,不應在雨傘運動中出現明星化現象,不應為Alex Lester兩人造神。但確實他們有為數不少的粉絲,所以團長不斷強調各團友要「毋忘初衷」,將「追星」的熱情和力量用於運動。

面對社會仍然不理解BL,對同志不友善,Hehe形象可能成為另一個攻擊雨傘運動的藉口,團長的立場很明確:「我本身覺得無論Alex、Lester是不是同性戀,明光社或其他反同組織利用這一點來攻擊他們絕對是不對的,本來就不應該攻擊人的性取向。我後來見到一些藍絲帶專頁,也取笑他們『搞基』,用好難聽的字眼……『死基佬』之類,其實我擔心這會不會讓他們要多應付一件事?但是……我又覺得大家好需要這個專頁,好需要一個空間,你說給腐女們幻想也好,或者給其他朋友說一下笑,開心下都好,不應該怕攻擊就不談這回事。」

在長達七十九天的佔領,多少沉重痛心、多少讓人掉淚的新聞訊息,Hehe團正好是一個幻想歡樂的空間,讓人喘一口氣,找回堅持下去的動力。

曾有團友留言:「幸好有這個專頁,要不然佔領那麼辛苦,真不知怎樣撐下去。」

「捍衛Lester Alex佔領巫山HEHE團」，是一個著重幻想與創作的空間，既脫離現實，又不算完全脫離現實，能讓人暫時逃離雨傘運動的沉重，但又能繼續緊貼運動的消息。

　　這是一個充滿想像力與歡樂的空間。

　　「團友看得開心，我也很感動。一個專頁可以給人帶來能量，我覺得可以快樂抗爭，可以玩下。一場那麼長久的運動，大家太壓抑啦。你每日見到警察咁不停打人，見到種種荒謬事，只想找一個不那麼真實的空間喘一下氣。」

團友與團長

　　專頁上的討論和創作，跟運動的進展階段有著密切關係。當金鐘、旺角及銅鑼灣處於緊張時刻、面臨清場，團友們的意志都比較消沉，沒有心情創作和閱讀文章。當運動處於平靜期，創作和討論就如雨後春筍般出現。由此可見，各團友積極參與運動。這個專頁，更成為了大家互相交流結識支持鼓勵的平台。

　　「很多人留言互動⋯⋯大家也在不同佔領區通宵留守，可能有一些上過前線，在不同地方做不同崗位⋯⋯有些人甚至帶頭盔上前線。」

一些團友留言，提到自己打算到佔領區增援或留守，尋找一同前往的朋友。大家也是支持運動，同時喜歡Alex和Lester的團友。團長也會於專頁上發布跟運動相關的訊息，例如甚麼地方需要增援、急需物資、運動最新消息以及運動過後的持續行動，如登記做選民等等。各Hehe專頁及「男神」／「女神」專頁的管理員也建了一個聯絡群組，傳遞運動中的重要訊息，轉貼到專頁，希望讓團友於喜歡學運領袖的同時，亦能努力投身社運。

　　將近三萬多個LIKE的粉絲團中，團長表示女性佔絕大部分；甚麼年紀都有，年輕人佔大部分，也有一部分人年紀可以做Alex、Lester媽媽的師奶。從創作的文字用詞可以推測到，大部分的創作者都是腐女。

　　「例如腐女會強調『攻』和『受』，『傲嬌』、『腹黑』這些字眼，腐女才會用。」

　　至於團長的身分，不少團友瞎猜黃之鋒是團長。那是因為黃之鋒經常在大台上或自己的Facebook上提及Alexter的東西，經常扮演著「神攻」的角色，努力撮合Alex和Lester。

　　為此團長再次重申：此團團長並非黃之鋒，而是一個簡純覺得Alex和Lester合襯，同時支持雨傘運動，本身並非腐女但偶然會覺得男男愛（BL）好玩，現時為了逃避Alex女朋友追打而要隱藏自己

身分的年輕女生。

BL之幻想與踩界

Hehe團將BL文化由隱藏拉到公共討論，並與社會運動扣連，令人不禁對BL的吸引力感到好奇。

BL最重要的東西是幻想，一種取自現實生活細節，但又能天馬行空幻想的創作，再加上少少「踩界」，令整件事好好玩。

團長用了平時跟朋友調侃的比喻：「平時我們會開玩笑，把兩個並非情侶的男女講成情侶，不斷調侃說笑，這都是很好玩的。雖然取笑兩位當事人，但並非恥笑或嘲笑，而是真的覺得開心。同樣，整個專頁的創作都是歡樂好玩又好笑，並非抱著獵奇的心態，不是見到『如花』那種取笑男人裝扮成女人的態度，整件事是正面的。」

至於「踩界」部分，團長道出了一個重點，解釋為何BL比異性戀幻想故事來得吸引。

「其實大家也假設了他倆是直的（異性戀），然後再幻想他們在一起。因為如果是男女關係，根本無需要幻想。踩踩界，就是指不被容許，經歷重重困難，例如他們相愛但不敢面對自己的感情。

最過癮就是這些空間。如果是男與女，或者兩位真的是同性戀男，那就沒有這些好玩的元素。」

各團友抱著認真態度，細心觀察Alex和Lester日常互動的細節，藉此得到靈感，以小說、繪畫、漫畫、修圖、製作影片等不同方式進行創作。正正是各團友不停參與，共同創作出Alexter的形象。

「雖然知道是幻想，但各團友對創作好執著、好堅持。試過貼一張喺Alex想哭的相，然後Lester 拍下，有人就說Alex孕吐，自此以後，很多文章裡面，都會提及Alex有了BB這個情節。例如說Alex有個肚腩仔因為懷了孕，不可以挨凍，Lester替他的BB想著改什麼名字。一張相的畫面，他們會將它貫穿在不同的創作故事裡面。」

Alexter，一字所包含的東西，並非團長一人所創，而是集合著無數認真團友的創作和交流而形成的，同時是流動的，隨著新創作而不斷改變。

BL的爭議

網上曾有一些討論，批評Hehe文化是一種父權的體現，用政治不正確的笑話進行言語欺凌，甚至是一種歧視。團長認為他們對Hehe文化有點誤解。首先，各位團友對Alexter並非抱著嘲笑貶低旳

心態。而同志／同性戀，在Hehe專頁中從來都不是負面的東西，甚至為兩位領袖加分。整個過程中，腐女並非壓迫著Alexter。

同時Alexter並沒有因為被人討論他喜歡著另一個男人而感到反感，所以他們會一起玩，刻意製造小曖昧，給予團友更多靈感進行創作。例如於《黑紙》中，Alex坦言對Lester的感情：「當然喜歡啦！」Lester上商業電台時，笑說「已被Alex佔領」。

Hehe文化，不是敵視，更不是歧視。反而打開了更多有關同志、情慾與性的空間。

「在其他場合，女仔對男仔的幻想，只可以幻想他高大靚仔，但不觸及情慾。女仔的幻想很少公開，被看見。專頁上，就恰巧有好多女仔／腐女的幻想，有純愛，亦涉及少少情慾，我覺得健康又開心。」

BL? GL?

那為甚麼只有Boys' Love，而好像很少聽到Girls' Love呢？

還是要回到「踩界」的原因。

社會一直對女女親密行為視而不見，兩位女生是知己好友，拖手擁抱都是很正常的行為，甚至連女同志之間的親密行為，大眾還

是會覺得：「朋友而矣，不是情侶。」本來女生與女生之間的界線很模糊，很難引起大家的關注，更不要說在「踩界」時能引發強烈的情緒：尖叫或厭惡。

至於BL好玩的地方在於「有界可踩」：

這正正是社會對男性的舉行有著多重規範，歷史長久以來的恐同情緒，稍為越軌（如親密或疑似男男愛的曖昧行為）就會受到極大關注。BL／Hehe文化正正在於這個節骨眼上，踩著這條界線而產生，但同時亦用歡樂和取笑（並無負面意味）嘗試推闊大眾的觀念和想像。

另一個重要原因是，社會文化中，女性對情慾幻想的空間絕無僅有。因此BL文化的受眾絕大部分都是女性（不同年紀、不同性傾向）。相反的，男性一直都有很大的空間，對女性有著性幻想往往被容許，甚至被鼓勵。A片、高登、臉書等社交媒體，都有著無數「高登J圖Page，吸女Group」，可以讓男性進行性幻想，並與同好分享。

這種性幻想，是幻想者幻想自己直接跟被幻想者發生關係，只是性幻想對象是女明星。男性可以明目張膽地評論女性身材，性幻想的內容尺度可以很大。

女性卻沒有這樣的空間。社會文化對女性情慾加以道德責難，

令情慾難以展現，亦難以啟齒。

「女人不會幻想自己跟碧咸做愛，就算有幻想都不會說出來。但是，BL／Hehe就是幻想兩個帥哥發生曖昧，自己又不參與其中，好像可以更直接表達情慾，正因為你不是直接參與其中。」

「沒有／無法直接參與」的幻想情慾情緒，這一元素在BL中最為明顯。因為BL是兩位男性的曖昧愛情，女性（即使是幻想者本人）一直都保持著旁觀者的身分，沒有亦無法拿到主動權，亦無法直接參與。

腐女倒更享受這種曖昧與抽離。

BL／Hehe與同志平權

雖然BL和LGBT是兩樣不同的東西，不應混為一談，團友並非全都有性別視覺或全部支持同志平權。但受到BL文化的影響，至少會讓更多人覺得「兩個男生拖手（編案：牽手）相愛沒甚麼大不了。」同志遊行時，團長亦有幫忙宣傳，希望各團友除了喜歡Alex Lester之外，都會關懷真正的同志，團友們反應也很積極。雖然團長不會發文強調支持同志平權及同性婚姻合法化，但不斷發文貼照片已經是一種表態與支持。

同時，她非常欣賞Alex和Lester表態支持同志平權，兩人一同上台發言，台下尖叫不斷。

「雖然他們不是真正的情侶，但他們的好印象為同志加了分。同志遊行時，主持請他們上台的時候，台下的fans瘋狂尖叫，反應很大。他們有時變成Icon，因為香港真的無⋯⋯只有個人，出櫃的名人伴侶是隱影的，沒有一對同志情侶可作代言。」

Hehe團的風潮讓Alexter成為大眾焦點，而Alex和Lester亦願意高調參與同志遊行，爭取同志平權，提出「沒有民主，哪來平權」的口號，嘗試將同志議題與民主扣連，讓更多人支持民主平權運動。

未完的運動與Hehe團

雨傘運動，不只是一時聚集的行動、佔領，而是將運動活於我們的生活之中。佔領區的留守、下班後趕赴的集會，提高大家於這場運動的參與度，參與形式也多元多樣。不同議題，不論勞工、環保、性別、氣候，都能於佔領中找到空間討論和展現。

同時，學生領袖也在不同的佔領區被各團友「野生捕獲」，隨時可以聊天，每晚於台上都能看到Alex和Lester，減少距離感，更

讓Hehe團能於雨傘運動「茁壯成長」。

回望整場雨傘運動，團長的結語帶著感動、期盼與堅持。

「七十五日啦！我好驚訝。我以為催淚彈會嚇走大家，發催淚彈時，我一下班就去啦。在地鐵站，見到很多人一下班就拿著幾袋物資趕去現場，令我好感動，沒想過香港人會這樣。後來見到警察打人，還有人繼續走出來。見到大家願意付那麼大的代價，決心非常之大，我真心覺得，佔領越來越好，姑且不論能否影響政府，已經形成了新社區，我們奪回空間的使用權；姑且不論能否影響政改。政改、真普選不是終點，整個社會的平權，真是漫漫長路，大家都要有這個準備，往後幾十年，不停不停地去抗爭。」

沒有抗爭，哪來改變

民主、自由、平權，需要千萬市民不斷努力抗爭數十年。

「希望這個專頁，可以與這場運動一樣，不會因為清場而完結，希望可以繼續走下去。」Hehe團的團友期盼著。

附　捍衛Lester Alex佔領巫山HeHe團公開信

　　各位，我們是「捍衛Lester Alex佔領巫山HeHe團」的一眾成員，現在就近日一系列的網絡及現實中流傳許多有關本專頁的不實謠言及傳聞作出以下澄清以及補充。

　　於2014年11月6日星期四，香港專上學生聯會（下稱學聯）的副秘書長岑敖暉先生以及常委梁麗幗小姐於香港城市大學舉行「雨傘運動分享會」時，在場一位女士曾經不實地指控這個專頁是由學聯及兩位秘書長周永康先生以及岑敖暉先生所開設，並且借題發揮指責兩位成立不同Fans Club以吸納個人粉絲。對此，我們明白很多人並不清楚這個專頁的開辦目的及其成員對於運動的態度，經過我們一眾成員商議後，我們認為必須為此作出以下澄清。

　　首先，我們必須補充「捍衛Lester Alex佔領巫山HeHe團」這個並非官方專頁，其成立與後續發展更與學聯及兩位秘書長無關。成立這個專頁只是為了讓辛苦留守於各佔領區多天的群眾能夠苦中作樂，以另類方式讓更多人關注、了解和參與到這場被稱為「雨傘運動」的公民抗命當中，並且讓群眾以及一眾文字工作者有一個釋放壓力的平台。同時，我們必須強調此專頁內所有描寫兩人關係的文

章僅為自娛之用，實屬虛構，因此我們必須澄清，這個專頁與學聯及兩位秘書長周永康先生以及岑敖暉先生無關，更不代表學聯與兩位秘書長的立場，我們希望各位不要再把這個專頁與學聯及兩位秘書長掛鈎。

其次，我們一眾成員均只是支持「雨傘運動」的普通市民。我們除了於網上專頁瀏覽並發表文章和圖片外，亦會共同探討事勢發展，製作直幡，及以其它不同方式支持「雨傘運動」。我們都是一群關心社會、政治制度的人，希望各位不要錯誤定位這個專頁。我們留意到近日學聯的兩位秘書長有被偶像化的情況出現，甚至被要求合照和簽名，我們並不鼓勵助長一味過份崇拜之風氣，我們單單是欣賞及支持的態度去看待兩人，為處於運動最前線的學聯成員打氣，並以較輕鬆的角度去作切入點，希望能把另一班群眾，對政治認識不深的年輕人等的關注帶入是次運動。因此我們呼籲曾經有相關行徑的人士，不論你是這個專頁的成員與否，也請你為自己的行為作檢討，我們希望各位對兩位秘書長的私隱有所尊重，日後不會再有類似情況發生。

另外，我們必須強調此專頁內含有描寫同性向感情的文章，但這些文章僅為自娛之用，由始至終也非有意對任何性向的人士，團體或組織作出嘲笑或歧視。

　　最後，我們一眾「捍衛Lester Alex佔領巫山HeHe團」的成員就近日網絡及現實中流傳許多有關本專頁的不實謠言，甚至對相關人士的日常生活帶來影響，在此為這個專頁帶來的不便及影響向各位，特別是學聯的兩位秘書長周永康先生以及岑敖暉先生謹至萬分歉意。日後，我們仍然會繼續支持學聯、兩位秘書長及「雨傘運動」，謹記毋忘初衷！

　　謝謝。

「捍衛Lester Alex佔領巫山HeHe團」一眾成員謹此聲明

2014年11月6日

結語

孫珏

　　《抗命女聲》緣起於2014年雨傘運動時期，我在大學舉辦的一場專題講座「鏗鏘女聲——雨傘運動中的女性參與」。本書的主編Kit Ling（陸潔玲）是當時的主講嘉賓之一。活動後，Kit Ling提議出版一本關於女性抗爭者的雨傘運動專輯，並與其他幾位作者一起，從大量的採訪素材中整理出16位抗爭女子的真實故事。然而很可惜的是，此書卻因故不能如期出版。直到Kit Ling在2019年離開前，這份曾讓她傾盡了眼淚和心血的書稿，變成她的臨終囑託，來到了我們這裡。

　　雖然雨傘運動是香港政權交接以來最大規模的公民抗命運動，但這個紀錄早已在2019年被反修例運動打破。時隔六年，大眾對雨傘運動的記憶似乎也已褪色。本書在此時出版問世，意義何在？

　　我們想要呈現的是被主流論述忽略的、在社會紀實中缺席太久的、緊扣著階級、族群等經驗的性別角度。要提出這個角度，不僅僅是出於學術上的分析，更有當下的現實意義：因應反修例運動

中，警察性暴力事件氾濫，社會開始關注抗爭中的性別討論；然而這個討論其實一直都在，過去未被重視，現在仍須展開。本書的受訪者大多是因為族群、階級和個人的選擇而處於邊緣位置的社運素人。身為大眾不知其存在的女性抗爭者，在歷史的關鍵時刻挺身而出，面對的困難不比一般人少。她們的勇敢不單是對政權，也是對社會期望的挑戰。她們各自帶著不同的身分和包袱參與這場運動，卻也透過參與而超越了這些局限，同時亦讓我們對「公民抗命」的認識更鮮活立體，有更多的厚度和溫度。

而一直都在的，除了這些抗命女生帶出的議題外，還有她們自己。

持續三個月的雨傘運動最終在警方的大規模清場與拘捕中落幕。普選夢碎，議會失效，接連而至的秋後算帳和政治審查的升級，令社運士氣大挫，民意潰散。香港從此進入長達五年的「傘後」政治冷感與社會鬱悶期，很多人因而覺得雨傘運動是一場失敗的抗爭。可是就在2019年初夏，看似被埋葬的雨傘運動的種子卻以勢如破竹的能量遍地開花。

在兩百多萬反修例運動的參與者中，也有本書受訪者的身影。雨傘運動時還在讀中學的Christina和Cecilia依然活躍，只是過去佔領區的平靜早已不再。她們每次上街都要冒著在槍林彈雨中受傷和

被捕的風險，前線的位置則由更年輕有如初生牛犢一般的中學生取代。巴基斯坦裔社工Ansah，在2018年走入政府諮詢架構，成為政府扶貧委員會新人，亦是反修例運動中少數族裔參加者的代表人物之一。回看2014年的經歷，她說："Occupying central was one of the most rememberable events for me. I am glad to be part of the history for good where Hongkongers came together for their Hong Kong. It was a life time experience with fellow Hongkongers, which taught me sense of responsibility, sense of belonging and value of freedom. Together we stand strong and unite Hong Kong!"（佔領中環是我人生中不可磨滅的重要經歷。我很慶幸可以一起為香港的未來努力，成為歷史的 一部分。這樣的經歷教會我責任感、歸屬感以及自由的價值。讓我們堅守同行，團結香港！）

2014年因網絡欺凌而成為城市大學校園焦點的袁嘉蔚，畢業後心無旁騖地走上了從政之路。經過幾年悉心的社區耕耘，她在2019年區議會選舉中高票當選南區區議員。現在的她更切身體會到政治界別中的性別歧視，尤其是針對女性的性別攻擊，無關立場和陣營。她認為身為政治人物，一方面要更有性別意識，另一方面也要找到適合自己的方法，堅定亦不失幽默地應對騷擾和欺凌。

曾在928警方投下87顆催淚彈的街頭和太太Carol一起並肩作戰

的Jo. Kie在雨傘後低沉鬱結了一段時間。她試過說服自己要放下運動，回歸事業，但在反修例運動爆發時卻發現自己初心未死，初衷依舊。這次她的位置由前線變成了中後場，也一度因不能與過去一樣衝到最前而感到內疚。後來Jo. Kie覺得接受不同階段的自己在運動中有不同的崗位，做力所能及的事，是個人的成長和經驗的轉化，也是運動的連結與延續。同時，她也沒再感受到雨傘時期的「攣直」之分，反而多了更多願意求同存異的同路人。

跨性別抗爭者阿Wing現今在學校工作，她坦言經歷過雨傘之後，沒有料想到2019年的抗爭突然發展到如此大規模。她和Jo. Kie一樣，從後方支援前線，也對角色的轉變有著通透的領悟：「有好多事令人灰心、失望⋯⋯也覺得有些慘烈⋯⋯但路仍是要繼續的。始終記著：『成功之前，夢想，絕對不能放棄！』」

至於其他在本書出現過的抗命女生，有人在外留學深造，也有人繼續在香港以自己的方式尋求突破和連結。無論身在何處，她們相信即使在不同的時間和地點，透過不同的方式，若初心不忘，必有迴響。

由衷感謝書中的每一位受訪者，以及和她們一樣在大時代的洪流中做著歷史的見證和擔當，以個體生命裡的微小震動凝聚改變的力量的抗命女生。

Keywords
of the Umbrella Movement

雨傘運動

　　Umbrella Movement，泛指於2014年9月26日至12月15日期間爭取真普選的公民抗命運動。當時示威者持續佔領多個主要區域靜坐及遊行，包括金鐘、灣仔、銅鑼灣、旺角等。運動期間，示威者以雨傘抵擋警方的胡椒噴霧及催淚彈，當時外國媒體以「Umbrella Revolution」（雨傘革命）或「Umbrella Movement」報導事件，因而得名。

「我要真普選」

　　雨傘運動期間最常見的訴求口號，意謂爭取香港人可以普及和平等的方式，選舉行政長官及全部立法會議席。民主派認為香港特別行政區《基本法》所述之「普選」，即「最終達至由有一個有廣泛代表性的提名委員會按民主程序提名後普選」，其提名程序可讓中國政府以政治立場對候選人作出「篩選」程序，使選舉有普選之名，而無普選之實，所以衍生「真普選」倡議，以資識別。2014年8月31日，中央人大頒布2017年香港特首選舉方式的框架，不少港人認為有違「真普選」原則，隨後「我要真普選」便成為雨傘運動的核心訴求。

「我要真普選」直幡

　　雨傘運動期間，有支持者在被視為香港庶民文化代表的獅子山頂掛上一幅長度達十層樓高、寫上「我要真普選」的黃色巨型直幡，可在九龍等多處看見。雖然直幡很快被政府拆除，但相關相片在網上廣傳，「我要真普選」成為雨傘運動最深入民心的口號，持續有市民按此二次創作。佔領區被清場後，獅子山頂和香港各處亦再多次被人掛上「我要真普選」直幡。

佔中・佔中三子

　　佔中是「讓愛與和平佔領中環」（英語：Occupy Central with Love and Peace，縮寫OCLP）的簡稱，又稱「和平佔中」、「佔領中環」，是由香港大學法律系副教授戴耀廷、前香港中文大學社會學系副教授陳健民，及朱耀明牧師發起的一場爭取普選的政治運動，他們三人也被稱為「佔中三子」。運動於2013年初開始醞釀，共有七部曲，包括必須進行對話、商議、公民授權和不合作運動等，最後一步則是以有限度的、非暴力的公民抗命為手段，採取佔領香港金融區中環的交通要道，進而爭取2017年普選香港特區行政長官。倡議其間，曾舉辦商討日、演練、公投等活動。佔中原計劃於2014年10月1日進行，但隨著9月底的事態發展，戴耀廷在9月28日凌晨於金鐘提前宣佈行動開始。當日下午警方的驅散行為使行動以計劃之外的方式爆發，佔領區擴散至銅鑼灣、旺角等地區。歷時共七十九日。

學聯

Hong Kong Federation of Students（HKFS），即「香港專上學生聯會」，成立於1958年，推動全港性的學生活動，致力於提高學生對社會的參與，是香港對外最具代表性的學生團體。學聯是雨傘運動的主要代表團體之一，運動結束後，多間學聯成員學生會相繼退出，現時由香港四所大專院校的學生會組成。

學民思潮

Scholarism，一個以香港中學生為骨幹及組織對象的政治社會運動團體，2011年因「反國教運動」（反對德育及國民教育科）而成立，其後持續參與民主運動，同為雨傘運動的主要代表團體之一。後來由於大部分成員已非中學生，核心成員已通過其他形式參政，學民思潮遂於2016年3月停止運作。

反國教事件

泛指2012年5月上旬至9月上旬，民眾因反對政府設立「德育及國民教育科」而引發的一連串社會事件。該科目的《課程指引》被廣泛社會人士批評為內容偏頗、注重「情感」觸動、剝奪學校自主，為強制推行的「洗腦」教育。期間學民思潮、學聯等多個團體舉辦多次遊行、街站、聯署，於8月底發起佔領政府總部行動，並進行集會、絕食，直至政府宣布擱置推行國教科後，活動始結束。此事件促使更多年輕人關注社會事務。

831

2014年8月31日，中國全國人民代表大會常務委員會通過關於普選香港特別行政區行政長官的決定，規定提名委員仍會由舊制度選舉委員會1200人構成，此方案被稱為「831框架」。此框架引來普遍支持許多市民反對，學聯及學民思潮分別於2014年9月22日和9月26日發動二十五所大專院校及百多所中學的學生罷課，以抗議全國人大常委會的決定。

926

　大專生第5日的罷課行動，在添美道及立法會露天廣場舉行。同日，學民思潮發起中學生罷課。當日晚上，學聯在立法會及添美道一帶舉行最後一晚的集會。至晚上10時18分，台邊的示威者突然起鬨，當時學聯及學民思潮成員進入政府總部東翼迴旋處（即「公民廣場」），隨後百餘名集會人士攀過約三米高的圍欄進入公民廣場，並嘗試拉倒圍著廣場內升旗台的鐵馬。該次行動為接下來的一連串公民抗命揭開序幕。

927

　罷課演變成「重奪公民廣場」行動後，9月27日凌晨，防暴警察進駐政府總部，並於早上展開清場行動，把立法會停車場出入口的示威者逼出添美道。下午1時許，警察宣佈「公民廣場」內的所有示威者已被拘捕，把「公民廣場」內的示威者抬走，當時共有74人被拘捕。

928

　公民廣場內的示威者於9月27日被拘捕後，政府總部外的示威者持續留守添美道一帶。佔領中環於9月28日凌晨啟動，早上陸續有市民前往該處聲援。同日傍晚防暴警察發射催淚彈及威脅開槍，令民憤大規模爆發，導致佔領規模擴大，演變成長期佔領，展開雨傘運動。

黃絲・黃傘

　　民間人權陣線於2014年9月1日發起「還政於民，落實普選」黃絲帶行動，呼籲市民戴上黃絲帶，或將黃絲帶綁於柵欄上，代表堅持爭取「真普選」的決心，此行動獲得廣泛市民響應。

　　大專學生及中學生於9月下旬，以罷課等行動爭取中央人大常委撤回831框架，同樣以配帶黃色絲帶為標誌。至警方以催淚彈鎮壓示威學生，不少網民開始以帶黑色背景的黃絲帶作為facebook頭像圖片，表明立場，黃絲帶就此成為支持運動的標記。再加上「雨傘運動」之名，「黃傘」遂成為支持民主運動的象徵，而「黃絲」更擴展為泛指支持香港民主改革的力量。

藍絲

　　相對於「黃絲」，此指支持政府或警察一方的人士。起初「藍絲帶」只是社交網絡上呼籲支持警察嚴正執法的符號；至2014年10月3日，即佔領行動進入第六日，各佔領區出現大批身上掛有藍絲帶的人士，聲稱不滿佔領者影響其生活，要拆除據點及路障，期間有人毆打、非禮佔領者。後來，亦陸續出現看似有組織的挑撥和辱罵佔領者的行動。警方當時被指對此採取消極反應。其後，「藍絲」逐漸被理解為一股支持警方及反佔領的力量，與支持佔領陣營「黃絲」在言論與行動上形成對立。雨傘運動後，及至2019年「反修例」運動（又稱「反送中」運動），「藍絲」已普遍成為建制派支持者的代名詞。

連儂牆

　　原本的連儂牆位於捷克的布拉格，是一道填滿了約翰・連儂風格的塗鴉和披頭四歌詞作品的牆面。1988年，捷克市民在該牆書寫對共產主義不滿的標語，藉以表達民意。2014年雨傘運動期間，香港示威者以超過一萬張便利貼覆蓋香港政府總部的長樓梯外牆，上面寫滿示威者對民主普選的心聲，被稱作香港連儂牆，成為佔領區的主要地標。其後，各個佔領區相繼出現連儂牆。

14歲粉筆少女

　　一名於雨傘運動結束後，在金鐘佔領區「連儂牆」原址以粉筆繪畫花朵的14歲香港少女。她引來14名警員以「涉嫌干犯刑事毀壞罪」圍捕。及後，警方以女童父親無力照顧為由，向法庭申請保護令，女童被判入女童院三星期，引起社會關注。

藍旗・黃旗・紅旗・黑旗・橙旗

　　香港警察在大型群眾活動時，會以不同顏色的旗幟警告集會人士，藍旗意指：「警察警告，這集會或遊行乃屬違法，請即散去，否則可能使用武力」；黃旗：「警察封鎖線，不得越過」；紅旗：「停止衝撞，否則使用武力」；黑旗：「警告，催淚煙」；橙旗為「速離，否則開槍」。橙旗於928期間首次出現。其後示威者以簡稱稱呼不同旗幟，以提醒其他示威者。

血歷史183　PF0279

新 銳 文 創　抗命女聲
INDEPENDENT & UNIQUE

主　　編	陸潔玲、孫珏
責任編輯	鄭伊庭
圖文排版	莊皓云
封面設計	蔡瑋筠

出版策劃	新銳文創
發 行 人	宋政坤
法律顧問	毛國樑　律師
製作發行	秀威資訊科技股份有限公司
	114 台北市內湖區瑞光路76巷65號1樓
	電話：+886-2-2796-3638　傳真：+886-2-2796-1377
	服務信箱：service@showwe.com.tw
	http://www.showwe.com.tw
郵政劃撥	19563868　戶名：秀威資訊科技股份有限公司
展售門市	國家書店【松江門市】
	104 台北市中山區松江路209號1樓
	電話：+886-2-2518-0207　傳真：+886-2-2518-0778
網路訂購	秀威網路書店：https://store.showwe.tw
	國家網路書店：https://www.govbooks.com.tw

| 出版日期 | 2020年7月　BOD一版 |
| 定　　價 | 320元 |

Printed in Taiwan

國家圖書館出版品預行編目

抗命女聲 / 陸潔玲, 孫珏主編. -- 一版. -- 臺北市：新
銳文創, 2020.07
　　面；　公分. -- (血歷史)
BOD版
ISBN 978-986-5540-08-1(平裝)

1. 社會運動 2. 女性

541.45　　　　　　　　　　　　109008248

讀者回函卡

感謝您購買本書，為提升服務品質，請填妥以下資料，將讀者回函卡直接寄回或傳真本公司，收到您的寶貴意見後，我們會收藏記錄及檢討，謝謝！
如您需要了解本公司最新出版書目、購書優惠或企劃活動，歡迎您上網查詢或下載相關資料：http:// www.showwe.com.tw

您購買的書名：_____

出生日期：_____年_____月_____日

學歷：□高中 (含) 以下　　□大專　　□研究所 (含) 以上

職業：□製造業　□金融業　□資訊業　□軍警　□傳播業　□自由業
　　　□服務業　□公務員　□教職　　□學生　□家管　　□其它_____

購書地點：□網路書店　□實體書店　□書展　□郵購　□贈閱　□其他

您從何得知本書的消息？

　　□網路書店　□實體書店　□網路搜尋　□電子報　□書訊　□雜誌

　　□傳播媒體　□親友推薦　□網站推薦　□部落格　□其他_____

您對本書的評價：(請填代號　1.非常滿意　2.滿意　3.尚可　4.再改進)

　　封面設計____　版面編排____　內容____　文／譯筆____　價格____

讀完書後您覺得：

　　□很有收穫　□有收穫　□收穫不多　□沒收穫

對我們的建議：_____

_____

_____

_____

11466
台北市內湖區瑞光路 76 巷 65 號 1 樓

秀威資訊科技股份有限公司　　　收

BOD 數位出版事業部

....

（請沿線對折寄回，謝謝！）

姓　　名：＿＿＿＿＿＿＿＿＿＿　年齡：＿＿＿＿　性別：□女　□男

郵遞區號：□□□□□

地　　址：＿＿＿＿＿＿＿＿＿＿＿＿＿＿＿＿＿＿＿＿＿＿

聯絡電話：(日) ＿＿＿＿＿＿＿＿＿＿　(夜) ＿＿＿＿＿＿＿＿＿＿

E-mail：＿＿＿＿＿＿＿＿＿＿＿＿＿＿＿＿＿＿＿＿＿＿